Reinhold Stecher
Der Gletscherhahnenfuß

Reinhold Stecher

Der Gletscherhahnenfuß

Hoffnung und Ermutigung
durch eine kleine Blume

Mit Aquarellen des Autors
und einer Würdigung
von Reinhold Stecher
durch Bischof Manfred Scheuer

Tyrolia-Verlag · Innsbruck-Wien

Mitglied der Verlagsgruppe „engagement"

Bibliografische Information Der Deutschen Nationalbibliothek
Die Deutsche Nationalbibliothek verzeichnet diese Publikation in der
Deutschen Nationalbibliografie; detaillierte bibliografische Daten sind im Internet
über http://dnb.d-nb.de abrufbar.

3. Auflage 2013
© Verlagsanstalt Tyrolia, Innsbruck
Umschlaggestaltung: Tyrolia-Verlag,
unter Verwendung eines Bildes von Reinhold Stecher
Foto Umschlag hinten: © Eric Lichtenscheidt, Bonn, anlässlich
der Verleihung des Predigtpreises 2010 für sein Lebenswerk
Layout und digitale Gestaltung: Tyrolia-Verlag
Lithografie: Athesia-Laserpoint, Innsbruck
Druck und Bindung: Gorenjski-Tisk (Slowenien)
ISBN 978-3-7022-3163-7
E-Mail: buchverlag@tyrolia.at
Internet: www.tyrolia-verlag.at

Inhalt

Der Gletscherhahnenfuß

Es ist mir klar, dass für die Ouvertüre eines kleinen Buches aus der seelsorglich-besinnlichen Ecke eine botanische Betrachtung etwas absonderlich wirken muss. Aber da im Evangelium unter anderem auch das Erlöserwort steht „Betrachtet die Blumen des Feldes" (Mt 6,28), wage ich diesen Seitenblick. Meinem Lieblingsmilieu entsprechend konzentriere ich mich mehr auf die Alpinflora. Aber Bergblumenfreunde werden sich wundern, dass ich mich nicht bei den berühmten Stars der Bergwiesen, der steilen Hänge und der Felsbänder aufhalte. Ich gehe diesmal am Edelweiß, dem Enzian und der Alpenrose vorbei. Das wären natürlich die attraktiven Propagandablumen der Bergwelt, bewundert, begehrt und geschützt. Sie geistern durch heroische und gefühlvolle Alpingesänge, dienen als Gasthaus- und Hotelschilder, schmücken alkoholische Markengetränke, gelten als Qualitätssiegel in der Werbebranche und fungieren als politische und militärische Embleme.

Diese strahlenden und duftenden Repräsentanten hochalpiner Blütenpracht lasse ich also links liegen, steige noch etwas höher hinauf und bleibe bei einem recht unscheinbaren Blümlein stehen, das auf kurzem Stängel aus Moränengeröll und Felsritzen auf verwegenen Graten hervorlugt. Ich habe diese kleine Blüte selbst auf 3400 Metern angetroffen – manche sagen, sie wage sich bis auf 4200 Meter hinauf. Damit ist der Gletscherhahnenfuß rekordverdächtig. Für Blumensammler ist die winzige weiße Blüte mit dem goldenen Staubgefäßkern ein Nobody. Noch niemand hat sich den Gletscherhahnenfuß stolz auf den Berghut gesteckt. Er verträgt das schlecht. Es gehört zu seinem Wesen, dass er sich für repräsentative Zwecke, für Arrangements und Gestecke nicht eignet. Aber trotz dieser Mängel gehört er zur Gilde der Extrembergsteiger. Und darum zähle ich zu seinen Bewunderern. Es gibt keine Blume, die so verwegen in die Unwirtlichkeit hineinblüht.

Ich fühle mich nun verpflichtet, meine besondere Beziehung zum Gletscherhahnenfuß etwas näher zu begründen. Begonnen hat die Sache damit, dass ein lieber Kollege, der es vom Volksschullehrer zum berühmten Naturwissenschaftler gebracht hat, seine bahnbrechenden Forschungen dem Gletscherhahnenfuß widmete. Das ist ein sehr mühsames Unterfangen. Dissertationen über einen exotischen Baum, der im botanischen Garten steht und mit seinen Zweigen vor den Fenstern des Instituts der Universität wedelt, sind einfacher zu bewältigen. So aber musste eine Forschungsstation auf 3000 Meter Höhe errichtet werden, mit feinsten elektronischen Anlagen und Messgeräten, Schreibern und einer raffinierten Blitzschutzanlage, mit Drahtverzweigungen zu den Blüten und Blättern dieses Alpinflorawinzlings.

Eines Tages hat mich ein Gletscherflieger mit seiner Piper zur Forschungsstation hinaufgebracht. Es war ein unvergesslicher Tag. Die Morgensonne hat das Leichtflugzeug an den sich erwärmenden Felswänden emporgetragen, wir sind um hohe Gipfel gekreist, von denen Frühbergsteiger gewinkt haben, haben uns eine eisbedeckte Nordwand von der Nähe angesehen, sind über die hohen Grate gequert und

9

schließlich auf Schlittenkufen auf dem Gletscher vor der Station gelandet.

Wie mir mein Freund diese höchste Außenstelle der Universität Innsbruck näher erklärt hat, bin ich aus dem Staunen nicht herausgekommen. Es steht natürlich außer Frage, dass ich im Bereich der botanischen Wissenschaft ein völliger Laie bin und meine Eindrücke nur laienhaft wiedergeben kann. Der Gletscherhahnenfuß ist einfach ein bewundernswerter Überlebenskünstler. Das Großklima, in dem er sich behauptet, ist beinahe lebensfeindlich. Die Winter sind lang und hart. Und auch im Sommer kann es über Nacht einen halben Meter Schnee hinwerfen – und es kann Tage dauern, bis die Blüte wieder einen Strahl Sonne erhascht. Es gibt Wetterstürze, eisige Temperaturen, Schneesturm und kalte Nächte. Wenn im Tal drunten ein Gewitterregen fällt, kann hier heroben der Hagel waagrecht um die Wände peitschen. Tiere, die in diesen Höhen hausen, können sich verkriechen oder weiter nach unten verziehen. Der Gletscherhahnenfuß harrt auf seinem Standort aus. Das zarte weiße Blümlein mit den goldenen Staubgefäßen hat keine Fluchtmöglichkeit.

Trotzdem schafft es das Überleben und Wiederblühen. Mir wurde gesagt, dass es sogar drei Jahre eingeschneit übersteht. Es ist ein biologisches Wunder, das wahrscheinlich viele Hintergründe hat. Aber eine Ursache habe ich mir gemerkt. Auch wenn das Großklima sehr ungünstig und rau ist, nützen Extrempflanzen wie der Gletscherhahnenfuß ein Kleinklima aus, das sich bei intensiver Sonnenbestrahlung in unmittelbarer Bodennähe zwischen Geröll und in feinen Felsrissen und Steinen entfaltet und das – im engsten Bereich – geradezu tropische Wärmewerte entwickeln kann.

Diese winzige Zone hoher Temperaturen nützt unser Gletscherhahnenfuß. Darum kann er auch in abgekürzten Sommertagen zum Blühen kommen. Das Großklima kriegt ihn nicht unter. Er ist ein unentwegter Trotzdemblüher im Kleinklima.

Vielleicht ahnen Sie jetzt, warum ich diese Blume im unwirtlichen Abseits der Welt auf die Titelseite geholt habe. Sie hat weder das strahlende Leuchten des Edelweißes noch das tiefe Blau des Enzians, noch das flammende Rot der Alpenrose. Aber der Gletscherhahnenfuß demonstriert eine Vitalität, von der wir alle ein wenig mitbekommen sollten. Er fängt ein, was er in den eisigen Höhen an Sonnenbestrahlung kriegen kann, und wahrt seine Chance – und damit intoniert er leise eine Melodie, die durch die Geschichte der einzelnen Menschenschicksale, des Ihren wie des meinen, die Menschheitsgeschichte, der Gesellschaft, der Kirche und des Heils zieht. Der Gott, von dem es heißt, dass er die Liebe ist, wollte nicht nur Liebe. Er wollte eine Liebe, die sich im Widerstand bewährt, die Trotzdem-Liebe.
Deshalb hat Gott wohl eine Welt mit Wetterstürzen, Problemen und Belastungen zugelassen – so schwer uns das auch eingeht. Wer von uns hat nicht schon einmal gedacht: Warum hat Gott es denn nicht anders gemacht – harmonischer, konfliktfreier, weniger tragisch, weniger frustrierend, durchschaubarer und gelöster? Er wollte eine Liebe, die trotz allem blüht. Deshalb ist diese unsere Welt, unsere Situation und Existenz eben nicht einfach ein Traumstrand mit angenehmsten Wassertemperaturen, Palmenschatten und ewig heiterem Himmel. Es gibt fast nichts Gutes, Positives, Erfreu-

liches und Liebenswertes in dieser Welt ohne Barrieren und Widerstand.

Der Gletscherhahnenfuß hat natürlich nicht Theologie studiert und die Welträtsel betrachtet, aber ich muss gestehen, dass mich dieses im Bergwind zitternde und zerzauste Blümlein in Tiefen des Universums und göttlicher Heilspläne führt, die man mit seinem armseligen Denken kaum zu betreten wagt. Es ist Ihnen sicher auch schon so ergangen, dass der Blick auf das Kreuz ein grausames Rätsel wird. Warum denn so ein erschütterndes Spiel vor der kommenden Herrlichkeit? Was ist das für ein Gott? Der botanische Winzling auf den steinigen Moränen und ausgesetzten Graten singt hartnäckig und beharrlich die Melodie: Ich blühe trotzdem! Und wer im Anblick von Golgatha in seiner Ratlosigkeit und Verwirrtheit zu diesem Sterbenden lang genug hinaufhorcht, der wird irgendwann aus allem Dunkel heraus die Stimme flüstern hören: Ich liebe dich trotzdem. Der Gletscherhahnenfuß ist ein Lehrmeister, kein Prediger. Er stimmt die Urmelodie des Universums.

Es ist doch so, dass wir mehrheitlich das Großklima der Welt als belastend empfinden, selbst dann, wenn wir nicht gerade zu denen zählen, denen es am schlechtesten geht. Aber wir werden so intensiv mit Negativmeldungen versorgt, dass wir mit dem Großklima viel stärker konfrontiert sind als Generationen vor uns. Wenn man die Weltgeschichte betrachtet – war sie ja nie besonders erfreulich. Über die Menschheit sind Fluten von Leid und Rücksichtslosigkeit gegangen. Das Gerede von der „guten, alten Zeit" ist ja meist nur ein nach rückwärts projizierter Wunschtraum. Das Großklima der Gegenwart springt uns bei jeder Nachrichtensendung an. Da jagt die polare Kaltluft eines rücksichtslosen Kapitalismus über die Welt, dort brüten die Hitzewellen der Fanatismen. Ganze Landstriche armer Länder versumpfen im Morast von Korruption. Tornados des Terrorismus fegen über die Völker und legen breite Schneisen in friedliches Land. In den reichen Ländern lässt die Spaß- und Konsummentalität die Seelenlandschaften versteppen, weil der Grundwasserspiegel tragender, gültiger Werte absinkt. Und manchmal scheint das Ozonloch globaler Dummheit unerträglich groß zu werden. Oft sind wir von den Belastungen des Großklimas zu Recht verstört und nehmen über unserem Jammer die Aufhellungen gar nicht wahr.

Auch in der Kirche muss man nach vielen Kontakten mit Gläubigen, Entfremdeten und Fernstehenden zugeben, dass das Großklima von vielen als gestört empfunden wird. Es gibt Spannungen, unbedachte Härten, manchmal den Verlust seelsorglicher Bodenhaftung und Nebelbänke der Realitätsverweigerung. So manchen engagierten Christen stört das Festhalten an Traditionen, die sich keineswegs auf Christus berufen können. Hie und da übt man sich in einer Sprache, die das Herz nicht erreicht.

Und Skandale sind fast an der Tagesordnung. Leider vergisst man über Ärger und Frust, dass es Strahlung gibt, die durch alle Wolken dringt, und dass immer wieder Sonne durchbricht. So kommen viele in Versuchung, sich nicht mehr zu engagieren und in Enttäuschung über das derzeitige Großklima in Welt und Kirche sich in das Reduit ihres Privatgärtleins zurückzuziehen, wo sie nur ihre Rosen und Paradeiser züchten. Die Schwierigkeit ist dabei nur, dass man in Resignation und Ressentiment nicht zum großen Glück kommt.

So verständlich es ist, dass manche müde abwinken und sagen „Mir reicht's" und „Ohne mich" und „Ich sehe keine Perspektiven mehr", hinter dem Zaun des privaten Schrebergartens wollen die Geranien der Identitätsfindung auch nicht so recht gedeihen und das Spalierobst befriedigender Lebenserfüllung reift nicht recht ab.

„Nein", sagt der Gletscherhahnenfuß, „du musst in die widrige Welt hineinblühen. Der Wind, dem ich ausgesetzt bin, ist auch kein Blumenschmeichler. Aber ich erhasche meinen Anteil Licht und Sonne – und ich nütze ein Kleinklima in meiner unmittelbaren Umgebung und ergreife die Lebenschance, die sich bietet, und besiege damit den kalten Hauch der Höhen. Mich hat noch keine Klimaschwankung kleingekriegt …"

Aus diesem Grund habe ich mir den Gletscherhahnenfuß als Symbol für die bescheidene, unverdrossene, nicht berechnende und hartnäckige Entfaltung der Liebe im Alltag gewählt.

So bin ich mit der Erinnerung die Lebensrouten abgegangen zu den unzähligen Stellen, wo mir die Trotzdemblüher begegnet sind. Sie haben mir ja selbst oft den Mut zum Weitermachen geschenkt. Es sind meist begrenzte Episoden. Der Strauß, der da zusammenkommt, ist nicht gerade pompös. Aber ich habe schon gesagt, dass sich der Gletscherhahnenfuß nicht für üppige Arrangements in Festsälen eignet. Die schlichte Liebe, die blüht, ist bewundernswert. Und wer das Gefühl hätte, die Dinge seien doch gar zu mickrig, unbedeutend und ineffizient und derartige Aktivitäten würden die Welt, wie sie ist, auch nicht viel verändern, den muss ich auf ein Wort dessen hinweisen, der in Sachen Menschenliebe sicher die höchste Kompetenz hat. Der Herr hat einmal das Glas Wasser gelobt, das man einem anderen reicht … (Mk 9,41).

Der Kopfpolster

Eine pädagogische Glanzidee war es zweifellos nicht, eine Sonderklasse der „Sozialgeschädigten" einzurichten. Aber irgendjemand höheren Orts hatte den Einfall, dreißig Buben zwischen zwölf und vierzehn Jahren aus Problemfamilien in eine Klasse zusammenzuholen. (Inzwischen ist diese Idee schon längst im prall gefüllten Abfallkorb schulpädagogischer Versuche der letzten Jahrzehnte verschwunden.) Diese Klasse verdankte ihre Existenz zunächst nicht dem unbändigen Lernwillen der Schüler, sondern mehr der Tatsache, dass Kaiserin Maria Theresia vor fast einem Vierteljahrtausend in Österreich die allgemeine Schulpflicht eingeführt hat.

Das Leben hatte es mit diesen jungen Menschen in den schwierigen Jahren der Pubertät nicht gut gemeint. Sie litten fast alle an einem Defizit an Zuwendung, an zerbrechenden oder zerbrochenen Familien, am Nicht-gewünscht- und Nicht-gewollt- und bejaht-Sein oder am völligen schulischen Desinteresse der Erziehungsberechtigten. So ging über dieser zusammengewürfelten Schulklasse nicht eben ein verheißungsvolles Morgenrot großer Bildungs- und Erziehungshoffnungen auf.

Es gab natürlich auch Anzeichen einer gewissen Gewaltbereitschaft. Ich kann mich noch gut an den stämmigen Zwölfjährigen erinnern, der seine zu klein gewordenen Bluejeans fast sprengte. Er kam in der ersten Stunde zu spät. „Warum kommst du zu spät?", fragte der Lehrer. Er stand breitbeinig da, grub die Hände in die Hosentaschen, runzelte die Stirn und gab mit einem geradezu pflichtbewussten Ernst die Erklärung ab: „Ich hab müssen zwei Gymnasiasten zusammenschlagen …" Seine Miene drückte die Erwartung aus, dass man derartigen dringenden gesellschaftlichen Verpflichtungen unbedingt Verständnis entgegenbringen müsse. Das Mitglied einer Sonderklasse der Pflichtschule musste doch den Jüngelchen vom Akademischen Gymnasium zeigen, wo der Bartl den Most holt. Wo bliebe sonst die soziale Gerechtigkeit?

Es ging dann mit diesem letzten Aufgebot im Bildungswesen doch etwas anders, als es die pädagogischen Auspizien erwarten ließen. Der Grund dafür war der Lehrer. Er hat sich in einmaliger Weise eingefühlt und eingebracht und das kostbarste Echo gewonnen, das es für einen Erzieher geben kann: Vertrauen. Er hat – um im Bildvergleich des Gletscherhahnenfußes zu bleiben – im lebensfeindlichen Großklima ein Kleinklima geschaffen, das für die Kinder ein Stück Geborgenheit ersetzte. So kam es, dass man in diese Schulklasse, deren Übernahme von allen Mitgliedern des Lehrkörpers gefürchtet und abgelehnt wurde, schlussendlich gern hineinging. Ich kann das sagen, weil ich als Religionslehrer eingesetzt war. Als solcher hat man nur zwei Stunden in der Woche zu tun und bleibt sicher eine nicht sehr prägende Randfigur. Aber ich habe sofort das erlebt, was man „Atmosphäre" nennt. Diese Atmosphäre hat mich immer wieder überrascht.

Das zeigte sich zum Beispiel in der vertrauensvollen Offenheit, die die Schüler ihrem Lehrer entgegenbrachten. Er hat ihnen Aufsatzthemen gegeben, die den üblichen Themenkreisen nicht entsprachen. Ein Aufsatz hieß: „Was ich niemandem sagen würde".

Ihrem geliebten Lehrer haben sie es gesagt. Ich vergesse nicht die ausführliche Schilderung eines kleinen Halunken, der in allen Details und Phasen beschrieb, wie er ein Geschäft betrat, die Verkäuferin geschickt mit verschiedenen vorgetäuschten Interessen ablenkte und dann in einem unbewachten Augenblick einen schönen Kuli klaute. Er schloss seine schonungslose Darlegung des Diebstahls mit dem Satz: „Das war die Schweinerei des Jahrhunderts …"

Ein anderes Aufsatzthema hieß: „Wenn morgen die Welt unterginge …" Das fiel natürlich auch ein wenig in mein Fachgebiet und weckte meine besondere Neugier.

Ein vorsichtiger Typ beschrieb seine diesbezüglichen Pläne für den Fall eines bevorstehenden Weltuntergangs so: „Wenn morgen die Welt unterginge, ginge ich zuerst beichten. Dann ginge ich zur Sicherheit vielleicht noch einmal beichten. Und dann würde ich mir hinten im Hof ein Floß bauen und schauen, ob ich nicht doch übrig bleibe …"

Ein anderer, als Rädelsführer einiger Lausbuben in der Altstadt bekannt, nahm das Thema von der sozialkritischen Seite: „Morgen geht die Welt unter. Ich gehe durch die Altstadt. In unserer Gasse streichen sie gerade die Fassade eines Hauses neu. ‚Bist du verrückt', schreie ich zum Malermeister hinauf, ‚das ist doch alles ein Blödsinn, wenn morgen die Welt untergeht!' – Ich komme zum Obststand unter den Lauben. Die Frau kann mich nicht leiden, weil ich ihr einmal ein paar gebratene Kastanien stibitzt habe. Und was ist jetzt? Sie schenkt mir drei Tafeln Schokolade. ‚Aha', denke ich mir, ,auch eine, die sich im letzten Augenblick beim lieben Gott einhauen will!"

Ich habe ähnliche Aufsätze nie mehr gelesen. Man war immer zwischen Erheitert-, Berührt- und Erschüttertsein.

Eines Tages hatte der Klassenlehrer – es gab nur einen für alle Fächer, und das war gut so – die Idee, mit einer Schulklasse in Afrika in Verbindung zu treten. Die „sozial geschädigten" Kinder taten begeistert mit. Über einen befreundeten Missionar bekamen sie eine Adresse im hintersten Uganda. Man schrieb zusammen einen Brief – und siehe da, es kam eine Antwort aus dem Busch, und mit dem Bericht auch eine leise Ahnung, wie armselig es in der Schule dort zuging. Und so begann die Klasse, eine Sendung zusammenzustellen. Man sammelte verschiedene leicht versendbare Dinge. Jeder wollte etwas beisteuern.

In der letzten Bank saß einer von den größeren Schülern. Er war ein bisschen schwierig und konnte auf Grund seiner Situation kaum etwas dafür. In der Religionsstunde sah ich zu meiner Verwunderung, dass er eine Handarbeit auf der Schulbank liegen hatte, ein Stück Leinen mit Kreuzstickerei. Das war für eine Bubenklasse ein höchst ausgefallenes Hobby.

„Was soll das werden?", habe ich ihn gefragt. Er hat ein wenig herumgedrückt und schließlich kam es heraus: In der Buschschule in Afrika sei ein kranker Schüler; für den mache er einen Kopfpolster und in diesen sticke er einen Tiroler Adler …

Von vielen tausenden Schulstunden verschwindet Unzähliges aus der Erinnerung. Aber den Dreizehnjährigen in der Sonderklasse, der in der Pause an einem Tiroler Adler herumstocherte, vergesse ich nicht. Er hatte wahrscheinlich weder eine schöne Kindheit hinter sich noch eine strahlende schulische Zukunft vor sich. Er war nicht sonderlich begabt und eben nicht besonders begünstigt. Als „Sozialgeschädigter" lag er bereits in der passenden Schublade der Gesellschaft ganz unten, im Krimskrams der Zukurzgekommenen. Aber mit seinen unsicheren Kreuzstichen auf dem kleinen Polsterbezug hat er für mich eines der wertvollsten Stickkunstwerke geliefert, noch kostbarer als die wunderbaren Nadelmalereien der Kaiserin Maria Theresia und ihrer Hofdamen in der Schatzkammer des Doms von Innsbruck.

Wir wissen ja alle nicht, wie das sein wird beim großen Weltgericht, bei dem alles Undurchsichtige durchsichtig und alles Rätselhafte klar werden wird, weil wir in dieser Zeit vom Teppich der Welt- und Heilsgeschichte nur die Rückseite sehen, wirre helle und viele dunkle Fäden. Er wird umgedreht werden, der Teppich, und dann wird man die Muster erkennen, die Gott hineingewoben hat, mit den dunklen und hellen Fäden. Wie das alles sein wird, wissen wir nicht. Die Heilige Schrift spricht nur in vagen Bildern. Doch manchmal ist mir der etwas ausgefallene Gedanke gekommen, dass auf diesem Riesentisch vor dem Weltenrichter, auf den die Beweismittel gelegt werden, auch der Kopfpolster mit dem Tiroler Adler liegen könnte.

Sportliche Benefizveranstaltung

Es gibt erfreulicherweise immer wieder sportliche Veranstaltungen für wohltätige Zwecke: ein Fußballturnier oder ein Schaulaufen auf dem Eis für invalide Sportler oder verlassene Kinder, und Ähnliches. Derartige Initiativen gehören zu den sonnenbeschienenen Flecken in der Landschaft unserer Welt.

Während ich diese kleine Erinnerung niederschreibe, laufen in Athen gerade die Olympischen Spiele 2004 mit Siegen und Enttäuschungen, Medaillen und Tränen. Ich muss gleich vorausschicken, dass die hier von mir angesprochene Aktivität nie zu olympischen Ehren gekommen ist. Sie ist immer eine Veranstaltung in einer begrenzten lokalen Nische geblieben. Genau genommen haben sich diese Bewerbe in meiner Heimatstadt Innsbruck seit uralter Zeit auf die Region am Fuß der Nordkette beschränkt, auf die Stadtteile Hötting und St. Nikolaus jenseits des Inn. Der tirolische Fachausdruck für dieses sportliche Kräftemessen, das sehr viel Geschicklichkeit erfordert, heißt „Totznhacken". Die Wettbewerbe werden immer von Buben im Volksschulalter bestritten. Die Austragungsorte bilden Straßenecken und Gassenwinkel. Der Raumbedarf für dieses Spiel ist sehr bescheiden. Es braucht nur einen kleinen Kreis auf dem Boden, in den eine Münze gelegt wird. Wegen dieser Münze ist die Sportart allerdings auf eine gewisse Fußgängerfrequenz angewiesen – denn ohne Sponsoren geht nun einmal nichts. Der immer wiederholte Singsang „Herr, setz'ns an

Groschen ins Kreasl, mei Totzn singt wia a Tannenmeasl" erfüllte alle Bedürfnisse der Public Relations dieser speziellen Disziplin. Öffentliche Subventionen werden nie beansprucht.

Als ich Religionslehrer war, stand das Totznhacken noch in voller Blüte. Jetzt ist es selten geworden. Wahrscheinlich hängt das mit dem sozialen Aufstieg zusammen, der für die Beschaffung von Taschengeld andere Möglichkeiten eröffnet hat. Der Totzn ist ein kleiner Kreisel, der mit Hilfe einer Schnur in Bewegung gesetzt wird. Der Kreisel muss dann in den kleinen Kreis hineintanzen und das Geldstück herausschlagen. Die Sache ist nicht ganz einfach; ich muss gestehen, dass es mir nie gelungen ist. Umso mehr zähle ich zu den Bewunderern dieser Wettkämpfe.

Über die historischen Ursprünge kann ich keine Auskunft geben. Diesbezügliche Forschungen stehen noch aus. Aber die Sache könnte sehr archaisch sein. Schließlich bewegt sich unsere alte Mutter Erde als Kreisel um die Sonne. Totznhacken wurde in meiner Heimat nie als Straßenbettel angesehen. Es war immer ein gesellschaftlich anerkannter Geschicklichkeitswettbewerb. Man sah auch oft ältere Herren bei den Kindergruppen stehen, die aus ihrer reichen Jugenderfahrung heraus weise Ratschläge gaben und als Veteranen das Niveau der derzeit Aktiven kritisch beurteilten. Falls von vorbeikommenden Sponsoren eine etwas größere Münze gespendet wurde, lief einer der Hacker sofort ins nächste Geschäft zum Wechseln, weil damit das Vergnügen multipliziert werden konnte. Die jeweiligen Siegesprämien verschwanden in die Hosentaschen, um dann in ein Zuckerl oder eine Tafel Schokolade umgetauscht zu werden. Etwas war noch sehr merkwürdig. Totznhacken hatte seine fixen Zeiten im Frühjahr. Dann verschwand es von der Bildfläche. Es war ein ausgesprochener Saisonsport. Diese Tradition wurde hochgehalten wie uralte Frühlings- oder Sonnwendbräuche und geheimnisvolle Kultüberlieferungen.

Mein Weg hat mich oft an den Totznhackern vorbeigeführt – an den schulfreien Nachmittagen. So kam ich eines Tages zu einem intensiv beschäftigten Team, das in einem gut geeigneten Straßenwinkel die Totzn in die Kreise tanzen ließ.

Wie gewohnt zog ich die Geldtasche, in der Bereitschaft, für den edlen Wettkampf etwas spendabler als sonst zu sein. Aber dieses Mal erklang nicht der übliche Werbegesang. Der Älteste der Riege richtete sich auf und sagte mit einer gewissen Würde, die das kindliche Spiel in den Ernst des Lebens hob: „Wir sind von der Jungschar. Wir hacken für ‚Bruder in Not'"! Beeindruckt griff ich nicht zu einer Münze, sondern zu einem Schein, mit dem der Sprecher sofort in die nächste Gemischtwarenhandlung schoss. Ich bin lachend weitergegangen. Sie haben tatsächlich vor dem Abendessen die erspielten Summen beim Pfarrer abgeliefert. Was wird daraus werden? Ein paar Schöpflöffel Suppe in einem Hungergebiet? Eine Schachtel Medikamente in einem Flüchtlingslager? Ein Paar Ziegel für ein Kinderheim in Brasilien? Ich wusste es nicht. Großes konnte damit nicht in Gang gesetzt werden. Aber irgendwie war das Erlebnis berührend.

Im Weitergehen ist mir eingefallen, dass da doch einmal einer im Vorhof des Tempels saß, gegenüber den großen Metalltrichtern, in die die Pilger ihre Münzen warfen. Man hörte die Geldstücke in die Opferkästen klappern, den schweren Ton der Silberdenare, der Schekel und Statere, der Drachmen und Tetradrachmen … Aber der Herr hörte nur das kaum vernehmbare, unmelodische Scheppern der kleinsten Kupfermünze, die es damals gab, zweier Leptas, die eine arme Witwe hineinwarf.

Jesus wird auch das Kleingeld der Totznhacker gehört haben.

Wer einen Menschen rettet, rettet die Welt

Er war der bescheidenste Star, den ich je kennen gelernt habe. Wie er in der Aula des Konvikts vor uns Theologiestudenten stand, hätte er genauso ein biederer Pfarrer in irgendeiner Stadtrandgemeinde sein können, wo die einfachen Leute wohnen, die sich keine Villa am Waldrand leisten können und schauen müssen, wie sie mit der Wohnungsmiete zurechtkommen. In seinem Auftreten war keine Spur von parkettsicherer Weltgewandtheit und diplomatischer Zurückhaltung, wie man sie vielleicht von prominenten Kirchenvertretern erwarten möchte, die immer auf der Hut sein müssen, kein falsches Wort zu sagen. Er hatte seinerzeit in Innsbruck sicher eine seriöse Theologie studiert, in traditionellem Latein, was für einen Amerikaner damals nicht gerade einfach war. Weiters hatte er dieselbe ignatianische Spiritualität vermittelt bekommen, in der auch wir erzogen wurden. Aber in dem Fach, in dem er weltberühmt geworden war, hatte er eigentlich keinerlei theoretische Bildung erhalten – ich meine damit Spezialstudien in Pädagogik und Jugendpsychologie. Dennoch war er damals einer der profiliertesten Erzieher der Welt: Father Edward Joseph Flanagan, der Gründer von Boystown, der Bubenstadt.
Die Airforce hatte ihn mit einem Sonderflugzeug nach Europa gebracht, damit er hier sein erzieherisches Modell vor-

stellen konnte, in das familiäre Struktur, sehr viel Eigeninitiative und Selbstverwaltung der jungen Menschen eingebaut sind. Bei dieser Gelegenheit wollte er auch noch einmal Innsbruck, seine Studienstadt in den Bergen sehen, in der er 1912 die Priesterweihe empfangen hatte. Denn, wie er mir selbst erzählte, gehörte die Studienzeit in Innsbruck zu den schönsten Erlebnissen seiner jungen Jahre, von denen er seinen Jugendlichen oft erzählte.

So kam Flanagan in die Aula des Canisianums in Innsbruck und wir waren einen ganzen Tag mit ihm zusammen. Er hat einfach nur erzählt und kaum theoretisiert. Wenn ich an die Flut erziehungswissenschaftlicher Literatur denke, die ich später über verhaltensauffällige und verhaltensgestörte Kinder gelesen habe, und mit dem vergleiche, was er uns damals gesagt hat, hatte er eigentlich nichts anderes zu bieten als seine lebenslange Erfahrung und ein großes Herz. Letzteres ist mir später immer mehr bewusst geworden. Er muss ein geradezu unermessliches Potential an Einfühlung gehabt haben. Er hat ja nicht Kinder und Jugendliche aus dem normalen Leben betreut und erzogen, sondern durchwegs schwer geschädigte und verwahrloste. Für seine Bubenstadt hat er den Nachwuchs aus Polizeigefängnissen und Strafanstalten geholt. Wenn die Behörden mit diesen Kindern überhaupt nicht zurechtkamen, riefen sie Flanagan. Meines Wissens hat er zum ersten Mal mit der innerkirchlichen Erziehungsform in Heimen, kleinen Seminaren und Waisenhäusern gebrochen, für die Betreuung der Kinder und Jugendlichen das Modell des Klosters zu wählen. Er wählte als Form familienähnliche Strukturen, Einfamilienhäuser mit einem Ehepaar und einer gewissen Anzahl von Betreuten.

Das Entscheidende war aber ganz sicher seine Persönlichkeit. Das ist wohl bei allen großen Erziehern so. Darum sind sie auch nie ganz kopierbar. Es geht nicht einfach um irgendein übertragbares Know-how, um fundierte Erfolgsrezepte und pädagogische Kniffe. Letztlich ist das Geheimnis der Erfolge solcher Menschen eine Ausstrahlung, eine glückliche Mischung von Herz und Helfenwollen, von Gemüt und Humor und einer großen Portion Hausverstand.

Irgendeiner aus der Runde hat an ihn die Frage gestellt: „Welches war Ihr schwierigster Fall?"

Flanagan hat ein wenig nachgedacht und dann ein Foto hervorgekramt, das eine junge Familie zeigte, Mann und Frau mit zwei Kindern. „Der da", hat er gesagt und auf den Vater gezeigt. An sich konnte man sich nichts Normaleres vorstellen als diesen jungen Beamten im öffentlichen Dienst. Wo war da das Problem?

Nun begann er mit einer abenteuerlichen Geschichte. Eines Tages wurde Kaplan Flanagan in ein Polizeigefängnis gerufen, wo man ihn zu einem Neunjährigen führte, der auf einem Tisch saß und den geistlichen Besuch mit gräulichen Flüchen begrüßte. Das Knäblein war bereits Chef einer Bande von Kindern und Jugendlichen in den Slums der Großstadt gewesen. Im Zuge seiner Unternehmungen hatte er ein Geschäft betreten, plötzlich eine Pistole herausgezogen, die Verkäuferin bedroht und die Herausgabe der Kasse verlangt. Die resolute Frau hatte ihn aber bei den Haaren gepackt und so gebeutelt, dass ihm die Waffe entfiel. So kam er in die Hände der Polizei. Dieser gelang es nicht, irgendwelche Erziehungsverantwortliche oder Verwandte ausfindig zu machen. Es stellte sich heraus, dass der Junge buchstäblich zwischen den Mülltonnen, auf sich allein gestellt, aufgewachsen war, ohne irgendein soziales Umfeld oder eine Betreuung. Er hatte sich durchgeschlagen, sozusagen als „Wolfskind" einer Gesellschaft, deren soziale Netze offenkundig ziemlich viel zu wünschen übrig ließen. Flanagan hat das Kind, das eigentlich kein Kind mehr war, mitgenommen.

„Und was haben Sie mit ihm gemacht?", war die nächste Frage.

Selbst uns nicht ganz Unerfahrenen schien der Sprung von dieser Kindheit zu einem normalen Beruf und einer normalen, glücklichen Familie unfassbar groß zu sein.

Flanagan sann ein wenig vor sich hin, so als ob eine lange Geschichte an ihm vorbeizöge, lächelte und sagte dann: „Mit dem? – Mit dem bin ich ein paar Monate fischen gegangen …"

Für wissbegierige Hochschulstudenten war diese Auskunft zunächst etwas enttäuschend. Erst später ist mir aufgegangen, was hinter ihr steckte. Da waren viele Stunden mit diesem Kind allein, an stillen Gewässern, in der freien Natur; allein mit einem Kind, das noch nie erlebt hatte, dass ein Erwachsener ihm Zeit, Aufmerksamkeit, Liebe und Dank entgegengebracht hätte. Fischen ist eine Betätigung, bei der man nicht viel spricht. Aber in diesem stillen Miteinander ist in diesem von einem unfassbar harten Schicksal Gebeutelten vielleicht doch langsam die Fähigkeit zur Kommunikation erwacht, und auch das erste Gefühl eines Verstandenseins und Ernstgenommenwerdens. Wahrscheinlich hat sich hinter diesem „Ein-paar-Monate-fischen-Gehen" so etwas wie eine Menschwerdung vollzogen. Trotzdem ist der End-

erfolg, das Einschwenken-Können in normale menschliche Erziehung, in eine Partnerschaft und Vatersein für mich immer noch ein Wunder.

Das war die Begegnung mit Father Flanagan, dem Gründer von Boystown bei Omaha. Der Eindruck dieses unvergesslichen Tages wurde noch vertieft, als wir zwei Tage später erfuhren, dass Flanagan in Berlin gestorben ist. Unter den Studenten, die Flanagan bewundert hatten, war meines Wissens auch ein junger Vorarlberger, Hermann Gmeiner, der spätere Begründer der nunmehr weltweit errichteten SOS-Kinderdörfer.

Ich habe einige Zeit nachgedacht, welche Überschrift ich über diese kleine Geschichte setzen sollte. Da ist mir dieser Spruch aus der jüdischen Weisheit untergekommen: „Wer einen Menschen rettet, rettet die Welt ..."

Der Brotholer

Wenn ich auf der Suche bin nach den kleinen Blüten der Menschlichkeit, die sich im Eiswind der Welt ducken, komme ich am Krieg nicht vorbei. Der Zweite Weltkrieg war für mich der Inbegriff des lebensfeindlichen Klimas, der Wettersturz schlechthin. Und verstehen Sie mich bitte recht – ich habe mit heroischen Veteranengeschichten nichts am Hut. Aber hie und da hat sich in der Erinnerung ein kleiner Sonnenfleck festgegraben, mitten in der düsteren Landschaft von Not, Tod und politischem Wahnsinn, so wie manchmal an einem dunkel verhangenen Regentag ein Lichtstrahl durchkommt und den schwarzen Bergwald in einem unwirklichen Grün aufleuchten lässt.

Die Erinnerung spielt auch in Wäldern, in den weiten unbewohnten Wäldern Nordkareliens, die, immer wieder von Seen und Sumpf unterbrochen, sich bis zum Weißen Meer hinüberziehen. Irgendwo erhob sich in diesem vergessensten Winkel Europas ein Waldhügel, nur einen Kilometer lang und etwa sechzig Meter hoch. Auf diesem Hügel war kein Hochwald mehr. Die uralten Föhren und die weißen Birken lagen von vielen Trommelfeuern zerfetzt und zerschlagen am Boden. Es war kein grüner Halm mehr zu sehen. Der Besitz des strategisch sinnlosen Hügels hatte 2000 Menschen das Leben gekostet. Auf der Feindseite des Hügels, an seinem Fuß, war unser Schützengraben, mit ein paar Erdlöchern und voller Schlamm. Es war eine der miesesten Stellungen, die wir je vorfanden. Das Schlimme war auch, dass der ganze Nachschub über den Hügel heruntergebracht werden musste. Und dieser Lauf zwischen gestürzten Bäumen und Granattrichtern war immer ein Wettlauf mit dem Tod. Denn die russischen Scharfschützen waren nur hundert Meter weiter drüben. Im Übrigen haben sie das gleiche Elend erlebt wie wir.

Wieder einmal ging es um das Holen von Suppe und Brot. Unsere Herren Strategen, die hinten in den sicheren Blockhäusern saßen, hatten sich noch nicht zum Entschluss durchgerungen, diese so gefährlichen Versorgungsgänge in die Nachtstunden zu verlegen. Es mussten also zwei von uns den Hügel hinauf und dann wieder hinunter. Der zerschossene Hügel mit den vielen Leichen lag in der prallen Sonne. Wenn ich mich an den Geruch erinnere, wird mir heute noch übel.

Einer von uns war für den Suppenkanister bestimmt und der zweite fürs Brot. Dieser zweite war ein besonders gutmütiger Mensch und hatte zu einem älteren Kameraden, der dran war, gesagt: „Ach was, lass mich gehen, ich bin flinker als du …"

Wir standen an der Grabenwand und schauten hinauf. Beides war heiß begehrt, Suppe und Brot. – Man kann sich gar nicht vorstellen, was Brot bedeutet, wenn man immer zu wenig bekommt. –

Am Kamm des Hügels kam von der anderen Seite herauf der sichere Laufgraben, aber dann musste man durch eine schmale Grabenlücke heraus in den vollständig eingesehenen Steilhang im hellen Tageslicht. Über der Lücke lag ein toter russischer Soldat, der mit seinem Arm in den Graben

hinuntergriff, als wollte er ein letztes „Halt" zurufen. Man musste unter diesem Gefallenen durchkriechen.

Nun kamen beide oben am Hügel an. Der mit dem Suppenkanister sprang in wildem Zickzack durch den Kugelhagel und landete mit seiner kostbaren Last glücklich im Graben. Dann begann der mit dem Brotsack seinen Lauf. Auch er kam glücklich durch das Gewirr von Bäumen, Trichtern und Toten. Aber beim Sprung in den Graben traf ihn eine Kugel ins Herz. Er ist tot in unsere Arme gefallen. Das Brot kollerte aus dem Sack heraus und auf den schmutzigen Boden. Wir haben es eingesammelt und dabei hat einer ein Wort gesagt, das ich nie mehr vergessen habe: „Jetzt ist einer gestorben, damit wir das Brot haben …"

Wahrscheinlich hätte ich die ganze Szene verdrängt und vergessen wie viele andere Schrecken des Krieges – aber dieses Wort, das war doch zu nahe jenem anderen Wort der Heiligen Schrift: „Sooft ihr dieses Brot esst, verkündet ihr den Tod des Herrn" (1 Kor 11,26).

Und der gutmütige Brotsackträger, der für den anderen gegangen war, weil er gemeint hat, er sei der Flinkere – war nahe dem Bibelwort: „Es hat niemand eine größere Liebe, als wer sein Leben hingibt für seine Freunde" (Joh 15,13).

Es klingt zwar merkwürdig, aber es ist so: Der freundliche, unscheinbare Brotträger, der dann still und bleich im Graben lag und von dem ich nicht einmal mehr den Namen weiß, weil er nicht zu meinem Zug gehörte – dieser vergessene, unbedeutende Soldat ist mir kürzlich beim Fronleichnamsfest wieder in den Sinn gekommen. Da feiern wir ja auch einen, der gestorben ist, damit wir dieses wunderbare Brot haben.

Es ist immer wieder so, dass alle Hilfsbereitschaft und Hingabe, alle Einfühlung und Großmut, alles Ertragen und alles Füreinander, das da bescheiden zwischen Granitblock und Gletscherfirn der Weltgeschichte blüht, in seinen strahlenden Blumensternen ein Stück von der großen Sonne hat. Es gibt so etwas wie eine geheime, tröstliche Beziehung zwischen dem Mann mit dem Brotsack und jenem Herrn und Meister, der in der Synagoge von Kapharnaum einst gesagt hat: „Ich bin das Brot des Lebens."

Horror und Helfen

Es ist mir ganz egal, dass ich von den Jahren des Krieges so gut wie keine Fotos habe. Da, wo ich war, hat man nicht geknipst. Ein paar Gruppenbilder, in der Ablösung hinter der Front aufgenommen, sind Sammelsterbebildchen. Es hat fast keiner überlebt. Aber im Fotoarchiv des Gehirns, so tief unten in der Seele vergraben, dass man nicht gerne darin kramt, haben sich ein paar Schnappschüsse erhalten, belastende und ermutigende. Und ich wage die vergilbten Bilder nur hervorzuholen, wenn dieses Wühlen irgendeinen Sinn für das Heute ergibt.

Eines dieser winzigen Dokumente des Gedächtnisses habe ich eines Tages doch in die Hand genommen, einen Erinnerungsfetzen, der voller Grauen ist.

Beim Vormarsch an die weißrussische Front, der für viele der letzte Weg werden sollte, stolperten wir müde und schwer beladen bei schneidender Kälte durch den wild zerschossenen Wald, in dem nur wenige Bäume heil geblieben waren. Rundherum, so weit das Auge reichte, lagen Tote, Freund und Feind neben- und übereinander, manchmal in bizarren Stellungen, noch kauernd oder an einen Baumstamm gelehnt, mit den offenen Mündern unter den weißen Helmen. Schlachtfelder sind immer ein stummer Schrei – und das Bild sollte uns nicht gestohlen werden wie das Bild „Der Schrei" von Edvard Munch, das aus dem Museum geraubt wurde. Der stumme Schrei der Schlachtfelder ist der ergrei-

fendste Appell für eine friedliche Welt … Es waren damals in dem Wald am Lowat so viele Leichen, dass wir uns mit dem Suchen eines Zeltplatzes schwer getan haben.

Während wir mühsam im Pulverschnee durch dieses Szenario des Schreckens stapften, wo uns bei 50 Grad Kälte der Atem auf den Lippen einfror, habe ich sie plötzlich gesehen – und das ist der Schnappschuss, den ich nie vergessen kann.

Etwas im Abseits, mitten unter den Toten, sah ich drei tief vermummte Kinder, die von einem Gefallenen zum anderen gingen, um etwas Essbares zu suchen. Frontsoldaten hatten ja meistens eine eiserne Ration im Brotbeutel. So wühlten und suchten diese Kinder von Leiche zu Leiche. Bewegten sich mitten unter diesen Gestalten mit den schrecklichen Wunden und den verkrallten Händen. Die Zivilisten waren von ihren ärmlichen Gehöften in die Wälder geflüchtet, und so hatte man wohl die Kinder losgeschickt, etwas fürs Überleben zu holen, in der Annahme, man werde den Kindern nichts tun. Es geschah ihnen auch nichts. Was ihren Seelen geschah, steht auf einem anderen Blatt.

Das ist das Bild, das ich nie vergessen kann. Wir sind weitergestolpert, in Richtung der vor uns tobenden Front. Aber die Kinder, diese Kinder! Mich hat die Erinnerung immer fast krank gemacht. Dies war nur ein kleiner Seitenblick, aber er war noch schlimmer als der Blick auf die vielen Toten.

Es wäre nicht verwunderlich, wenn eine Leserin oder ein Leser denken sollte – warum belastet er uns damit? Es ist weder ermutigend noch erbaulich. Das bringt nichts, es ist nur ein weiterer Beitrag zum Horror dieser Welt, zu einem Schrecken, der nie aufhört und der heute im Sudan, in Afghanistan oder irgendwo weitergeht. Wir haben genug davon …

Aber es gibt eben diesen Zusammenhang zwischen dem lebensfeindlichen, rücksichtslosen Großklima der Welt und dem unverdrossenen Hineinblühen in die Wetterfronten des Bösen.

Aufgeblüht ist aus diesen schrecklichen Visionen trotz allem eine viel intensivere Liebe zum Frieden. Er dauert in Europa nunmehr schon über sechzig Jahre. Hier hat eine Blume, die im eiskalten Entsetzen gesät wurde, für eine Region sogar das Großklima beeinflusst. „Der Gott, der Eisen wachsen ließ und der keine Knechte wollte" – den Arndt besungen hat –, hat abgedankt. Zu dieser Entwicklung im vereinten Europa, die es bislang noch nie gegeben hat, kommt von den ungezählten Gefallenendenkmälern, die zu jedem Dorf des Erdteils gehören, eine tiefe Zustimmung. Wenn sie aufstehen könnten, die Millionenheere der Erschlagenen, und bei den Wahlen für Europa mitstimmen dürften, wären diese Wahlen überall entschieden. Da und dort hat die kleine Blume Friedensliebe die harten Gesteine der Geschichte doch überwuchert: Nationalhass, Fürstenprestige, Rassendiskriminierung, propagandistisch gezüchtete Todfeindschaften und pseudoreligiös motivierte Waffengänge. Darum dürfen wir solche Bilder wie das von den frierenden Kindern zwischen den zerfetzten Leichen nicht einfach wegstecken und zu den tausend Belanglosigkeiten in die Truhe des Vergessens werfen.

Für mich persönlich ist die Erinnerung an die Kinder in den Wäldern Weißrusslands jäh aufgetaucht, wie ich erfahren habe, dass von Tschernobyl geschädigte Kinder aus dieser Region nach Tirol eingeladen werden. Eine Reihe ideal gesinnter Leute hat die Aktion ins Leben gerufen. Die Kinder werden hier mit vitaminreicher Ernährung in einen besseren Gesamtzustand gebracht und erhalten die Medikamente für ein Jahr. Die Sache zeitigt bereits echte Erfolge. Natürlich braucht das über den Einsatz der Gastfamilien hinaus viel Organisation, medizinischen Aufwand und Geld. Wie ich von dieser Initiative gehört habe, sind vor mir wieder die hungrigen, frierenden Kinder in der Winterschlacht aufgetaucht. Die geschädigten weißrussischen Kinder von heute könnten die Enkel von ihnen sein. Diese Gegend Europas hat viel Leid heimgesucht ... die Hilfe von heute ist mir wie eine sehr, sehr späte kleine Wiedergutmachung vorgekommen. Was haben wir doch als Soldaten dieses verbrecherischen Krieges Elend über die Menschen gebracht! Auch wider Willen wird man irgendwann ein kleines Rad im bösen Spiel der Geschichte.

Darum bin ich in die Tschernobylinitiative eingestiegen. Auch Sie, verehrte Leserinnen und Leser, steigen mit ein. Denn mit dem Buchkauf haben Sie bereits einen Beitrag geleistet. Das Honorar für dieses Buch – das heißt, was mir der Finanzminister davon lässt – geht in diese Aktion. So gehören Sie auch – ohne dass Sie es gewusst haben – auf einmal zu den gelbweißen Gletscherhahnenfußblüten, die in die kalten Winde der Weltgeschichte hineinblühen.

Die Klosterfrau mit dem Messertick

Wenn man aus Südamerika von einer Klosterfrau einen Brief mit dem Appell bekommt: „Herr Bischof, ich brauche Messer!", drängt sich beim Außenstehenden der Verdacht auf, ob die fromme ehrwürdige Schwester nicht vielleicht in einem Anfall über die verheerenden sozialen Zustände unter die Guerilleros gegangen ist. Die Situationen in manchen Teilen der Welt könnten Ausbrüche der Verzweiflung nahe legen.

Bei manchen Kongressen gibt es zwar Stimmen, die immer wieder den Triumphgesang des Fortschritts anstimmen und gewisse Defizite und Mängel als vorübergehende Erscheinung bezeichnen, die die stürmische Verbesserung für alle nicht aufhalten könnten – aber dieses Lied haben schon Marx, Lenin, Stalin und Mao Zedong Millionen in die Ohren gesungen. Wenn diese Melodie nun aus den Hochburgen des Weltkapitals und der Multis ertönt, klingt sie nicht viel überzeugender. Die Massen der Verarmten wachsen. Und wenn unsere Erde zwar klimatisch wärmer wird – sozial wird sie eher kälter. Wir leben zwar in einer wirtschaftlich äußerst begünstigten Zone und in einem noch immer verhältnismäßig gut funktionierenden Sozialstaat, so dass es kein Massenelend, keine Müllmenschen, keine Sterbenden auf den Straßen und keine großen Slums gibt. Aber Arme gibt es auch bei uns, sehr oft leise Arme. Wenn man aber immer wieder Kontakte mit Seelsorgern und Entwicklungshelfern, mit Ärzten ohne Grenzen und Klosterfrauen hat, die durch die Elendsviertel wandern, an denen sich die Filmkameras der touristischen Werbefilme vorbeischwindeln, dann könnte man der Resignation verfallen. Unzähligen Helfern bläst der Wind ins Gesicht – auch der eingangs genannten Ordensfrau.

Dennoch bleibt es sinnvoll, immer wieder Hilfsprojekte zu starten, die über die reine Symptombehandlung hinausgehen und Hilfe zur Selbsthilfe bieten. Ganz nebenbei bemerkt – es geht nicht nur um die materielle Effizienz, auf die man auch achten muss. Es geht um das Wachhalten des Gewissens der Welt und – das versteht nur der, der es am eigenen Leib erlebt hat – um die Vermittlung des so unglaublich ermutigenden Gefühls: Sie haben dich nicht vergessen …

Es geht also um die unverdrossen wirkende Menschlichkeit im Kleinklima. Darum ging es auch der oben genannten Missionsschwester, die die rosenkranzgewohnten Hände nach Messern ausstreckte. Ihre Wiege stand übrigens in einem Tiroler Bergbauernhof, wo man vom Lebenskampf von klein auf ein bisschen etwas mitbekam und erlebte, dass man an steilen Kartoffeläckern und buckeligen Bergwiesen ebenso nichts geschenkt bekam wie in Urwäldern und Savannen Boliviens.

Im östlichen Tiefland Boliviens gibt es wunderbare, zum Großteil in Holz errichtete Kirchen aus der Zeit der Jesuitenmission vor fast 300 Jahren. In diesen Indianerreservationen haben die Söhne des heiligen Ignatius ein unglaubliches Geschick entwickelt, den vorhandenen Sinn der Indios für Musik und Kunst zu entfalten. Sie brachten die barocke Anregung für den Bau von Heiligtümern aus Europa mit, aber die Eingeborenen entwickelten daraus einen eigenen Stil mit eigener Identität. Man hat damals das Wort „Inkulturation" nicht gekannt, aber die Sache eindrucksvoll verwirklicht. So wuchsen diese Kirchen als Zeugnisse einer zutiefst religiös motivierten Schönheit empor. Doch die Epoche dauerte nicht sehr lang. Die Reservationen waren Sperrgebiete für Händler und Soldaten. Die aufgeklärten Höfe der Alten Welt standen auf der Seite der Lobbys (so was soll vorkommen). Dadurch fielen die Schranken für Händler und Abenteurer. Diese hatten aber für die Eingeborenen nicht Glauben und Kunst im Gepäck, sondern hauptsächlich Branntwein. Das Schutzgebiet der Indios wurde zur „Kolonie" im eigentlichen Sinn. Die Menschen gingen in den Urwald zurück und die herrlichen Zeugnisse ihrer Kunstfertigkeit verfielen.

Im 20. Jahrhundert übernahmen die Franziskaner diese Missionsgebiete. Es blieb nicht bei der bloßen Seelsorge. Vor allem nach dem Zweiten Weltkrieg, als hier bei uns der Wohlstand aufblühte, entstanden umfangreiche Entwicklungsprogramme. Im Zuge dieser Bemühungen begann man in den letzten Jahren auch mit der Rettung der alten Heiligtümer aus der Pionierzeit vor drei Jahrhunderten.

Nun zeigte sich, dass die Kunstfertigkeit der einheimischen Bevölkerung keineswegs erloschen war. Die Menschen hatten eine natürliche Begabung, mit dem edlen Holz, dem Material ihrer Heimat, umzugehen. Mit ihrem ausgeprägten Sinn für Ornament, Farbe und Vergoldung schufen sie eine eigene religiöse Schnitz- und Reliefkunst, die dem Schönheitsempfinden der einfachen Menschen genau entsprach. Es entstanden nun die alten Jesuitenkirchen in neuem

Glanz, gleichzeitig wurden sie erfüllt mit dem religiösen Leben und dem typischen Sinn für Feste und Formen, Riten und Prozessionen, der uns Europäern fremd erscheint. Wir sind zu lange im Kühlschrank der Aufklärung gelegen. Die alten Jesuitenkirchen im Tiefland Boliviens waren so überwältigend schön, dass sie nunmehr zum „Weltkulturerbe" erklärt wurden.

Dies ist nun der Hintergrund für den Hilferuf der Klosterfrau: „Herr Bischof, ich brauche Messer!" Es ging um die Schnitzmesser. Das ist eine Spezialität von Werkzeugen, die in Südamerika gar nicht leicht zu bekommen sind. Aber in Tirol, im Stubaital, ist diese Produktionsweise als alte Tradition zu Hause. So wanderten die Schnitzmesserkollektionen vom Fuß der Serles und des Habichts über den Atlantik nach Chiquitos in Bolivien. Es war die Voraussetzung für die Rettung der alten Kunstwerke und der Schaffung neuer. Es entstand ein richtiger Handwerkszweig für die Herstellung von Kreuzen und Statuen, Kirchenausstattungen und Kreuzwegstationen, weltlichem Schmuck und kunstvollen Kassetten. Manche Handwerker konnten sich selbständig machen – aber alle, die da Beschäftigung fanden, waren der Armut entronnen, hatten und haben ein gesichertes Einkommen und einen bescheidenen Wohlstand. Gleichzeitig war es auch ein Entdecken der eigenen Identität – mit dem Schaffen von Werten, auf die man ein wenig stolz sein konnte.
Für all das brauchte es eine engagierte Ordensschwester, die sich nicht mit Tröstung allein aufhielt und im Übrigen über die verheerenden Zustände jammerte, sondern die mit einem gesunden Realitätssinn und Organisationstalent zu-

packte und damit für ein Kleinklima der Hoffnung sorgte –
und das an einem Platz der Welt, der eigentlich im Abseits
liegt und im Schatten des viel gepriesenen Fortschritts.

Ich hatte übrigens an der Schnitzmesseraktion kein Verdienst. Denn ich bekam das Geld dafür geschenkt, von Leuten, die gar nicht ahnen, wie viel Gutes sie damit getan haben.

Dorfspaß und Geburtstagsständchen

Um es gleich vorwegzunehmen: Es handelt sich hier um zwei sehr verschiedene Geschichten. Sie liegen zeitlich weit auseinander und vom Inhalt her noch weiter. Ich habe sie beide erlebt und in der Erinnerung sind sie nebeneinander aufgetaucht.

Die erste Geschichte spielt in der guten alten Zeit, in der bekanntlich alles besser war. Kinder und Jugendliche wurden viel strenger erzogen, es gab weder Diskos noch Fernsehen, und man lebte bedeutend bescheidener. Man übte mehr Respekt und stellte ans Leben nicht so hohe Ansprüche, die Ehen hielten länger, und frömmer war man auch. Eine Tafel Schokolade war ein Fest und Orangen, Pfirsiche und Trauben waren für die meisten unerreichbare Schätze. Es war eben die gute alte Zeit mit viel mehr Ordnung und Anstand. (Ich will ja manche Vorzüge anderer Epochen gar nicht leugnen – aber jede Münze hat bekanntlich zwei Seiten.)

In dieser guten alten Zeit meiner Kindheit und Jugend vor dem Zweiten Weltkrieg ist in einem Tiroler Dorf der Weber Seppl geboren worden. Er entstammte nicht gerade der besten und angesehensten Familie. Der Vater war ein Trinker und die Mutter kam mit dem ganzen Elend kaum zurecht – so war eben nicht das vorhanden, was man familiäre Geborgenheit nennt. Der Seppl war ein zusätzliches Familienkreuz. Er war behindert; heute würde man sagen, er litt an einem Downsyndrom. Damals galt er einfach als dumm und für nicht viel zu gebrauchen.

So wuchs er in seiner Tollpatschigkeit und Hilflosigkeit in die Rolle des Dorftrottels hinein, der für billige Späße und Unterhaltung benutzt wurde. Weil er von vielen verspottet und geneckt wurde, wurde er misstrauisch und böse. Hie und da gab eine mitleidige Seele dem Ewighungrigen etwas zu essen. Aber im allgemeinen Trend lagen derartige humanitäre Regungen eigentlich nicht. Der Seppl musste in einem sehr harten Klima leben. Das Einzige, was ihm geblieben war, war ein guter, fester Schlaf. Vielleicht waren seine Träume schöner als seine Lebenswirklichkeit.

Wiederum lag er also draußen auf der Wiese in der Frühlingssonne und schlief den Schlaf des Gerechten, als ihn ein paar Lauser aus dem Dorf bemerkten. Sie sahen eine ausgezeichnete Gelegenheit für eine besondere „Hetz" gekommen. Sie schlichen sich an den Seppl heran, der mit ausgebreiteten Armen auf dem Rücken lag, und legten auf seine rechte Hand frischen Kuhdreck. Dann kitzelten sie ihm mit einem Grashalm die Nase. Der aufgeschreckte Seppl schlug prompt nach der vermeintlichen Fliege und hatte das ganze Gesicht voller Kuhdreck. Großes Gejohle ringsum. Als die Geschichte im Dorf bekannt wurde, gab es auch dort ein verhaltenes Schmunzeln: Mein Gott, so sind sie halt, die Kinder … Wie gesagt, das war in der guten alten Zeit, in der bekanntlich alles besser war.

Als dann das Land Tirol in das Tausendjährige Reich eingegliedert wurde, verschwand der Seppl eines Tages. Wie viele andere transportierte man ihn als „lebensunwertes Leben" und „unnützen Fresser" in ein schönes Renaissanceschloss in Oberösterreich, wo er mit vielen tausend anderen Schicksalsgefährten liquidiert wurde.

Das ist die Geschichte vom Weber Seppl, der in seiner Hilflosigkeit viel liebenswerter war als seine Plagegeister und der hinter seiner Krankheit viel mehr Menschenwürde verbarg als seine rassestolzen Mörder.

Die zweite Geschichte spielt in unserer so viel kritisierten und manchmal auch verwirrenden, schwierigen Gegenwart. In einer Tiroler Gemeinde wurde eine etwas ungewöhnliche Institution ins Leben gerufen. Sie nennt sich „Arche". Ihre Idee kam im 20. Jahrhundert aus Frankreich und besteht darin, dass freiwillige, gesunde, meist jüngere Menschen mit ebenso vielen Behinderten in einer familiären Gemeinschaft zusammenleben. Das ist kein leichtes Unterfangen und verlangt ein sehr hohes Maß an Idealismus. Es muss auch medizinisch, psychologisch und fachlich gut geführt sein – und vor allem ist in der „Arche" ein Auffassung von der Würde jedes Menschen gefordert, die nicht nur in einem allgemein-humanen Denken, sondern im Glauben an das Unvergängliche begründet ist. Ein besonderes Problem ergab sich aus der Ungewissheit, wie die Gemeinde diese Behinderten annehmen würde. Es ist nicht gerade eine der reichen Tourismusgemeinden, aber Behinderte eignen sich nicht für Reklame und Public Relations auf knallbunten Faltblättern. Wird man diese Gruppe im Dorf akzeptieren?

In dieser Hinsicht wurden alle bangen Erwartungen übertroffen. Das Dorf wandte sich diesen nicht besonders attraktiven Gästen zu und holte sie voll in die Gemeinschaft. Kein Fest läuft ohne die Betreuten der „Arche". Es handelt sich hier um ältere Behinderte, die sich nicht leicht unterbringen lassen, ihre Angehörigen verloren haben oder deren Eltern selbst schon Betreuung brauchen.

Das Experiment ist geglückt.

Einer der Insassen der „Arche" ist der Lambert. Er hat eine große Vorliebe für Musik. Sobald er Musik hört, beginnt er mit Temperament und Hingabe zu dirigieren und ist ganz Rhythmus und Begeisterung. Fest steht, dass man bei den so genannten Behinderten in Bezug auf Emotion und Freudefähigkeit oft so viel lernen kann, dass man sich insgeheim fragt, wer eigentlich in diesen Bereichen der Behinderte ist. Das ganze Dorf weiß von der musischen Leidenschaft des guten Lambert.

Sein 60. Geburtstag kam heran. Und nun geschah, was ich eben der Vergessenheit entreißen muss. Die Musikkapelle der Gemeinde rückte in voller Tracht aus, um dem Jubilar ein Ständchen darzubringen, damit er einmal nach Herzenslust dirigieren konnte. Und er wusste dieses Fest zu feiern.

Wie gesagt, ich habe beides erlebt – den Dorfspaß mit dem Weber Seppl auf der Wiese und das Geburtstagsständchen für den Dirigenten aus der „Arche". Und ich habe beides eingeweiht: die Häuser der „Arche" und das Mahnmal auf dem Boden der Innsbrucker Klinik für die in der NS-Zeit ermordeten psychisch kranken Menschen unseres Landes. Ich danke Gott, dass das eine ein Mahnmal für die Vergangenheit ist, die eben keineswegs in allen Belangen die gute alte Zeit war, und das andere eine tröstliche Realität der Gegenwart, unmittelbar neben den Verkehrssträngen des jagenden Transits, mitten in der modernen Welt.

Pfarrgemeinderat

Es war ein Abend wie viele andere und ohne besondere Sensation, sozusagen kirchlicher Alltag. Im Zuge meiner Visitation als Bischof war nach dem Besuch der Kindergärten, der Schulen, der Lehrkörper und der politischen Gemeindeverantwortlichen, der Betriebe und des Seniorenheims das Zusammensein mit dem Pfarrgemeinderat an der Reihe. Da waren sie alle – die Frauen und Männer aller Altersstufen und Berufszweige, die Bergbäuerin und der Chorleiter, ein Lehrer und ein Unternehmer, der Beamte vom nächsten Grenzzollamt und der Lokführer, die Hotelbesitzerin und eine Kindergärtnerin, die Erstkommunionmutter und der Firmhelfer, der treue Mesner, der Boss der Ministranten, und der Seelsorger; eine bunte Versammlung, auch was die Mentalität betrifft. Fast möchte man mit dem Blick auf die Arche Noah sagen: von jeder Art ein Pärchen … Ohne diese Menschen wäre die Sache Jesu in Gesellschaft und Dorfgemeinde kaum präsent. Da würden die schönsten Hirtenbriefe nichts daran ändern.

Es gehört fast zum Ritual, dass ich in derartigen abendlichen und vertrauten Runden auch ein wenig Klagemauer spielen muss. Da kommt alles zur Sprache, was bedrückt, stört, kritikwürdig ist und was man in Diözese und Weltkirche nicht versteht. Lebendige Kirche erhalten ist schwierig geworden. In einer Konsum- und Spaßgesellschaft, in der Geldverdienen, Immer-noch-besser-Leben für die einen und An-den-Rand-Kommen für andere die maßgebenden Trends darstel-

len, bläst der Kirche der Wind ins Gesicht. In einer bis ins Pensionistenzimmer hineinwirkenden Mediengesellschaft ist neben manchem Guten auch alles Negative ohne Zeitverzug präsent, jeder Kirchenskandal und jedes Kirchenskandälchen, Wahres und Aufgebauschtes, früher Verdrängtes und Weggeschwiegenes: da eine in dieser Form nicht nötige Härte gegen Gescheiterte, dort die unmögliche Priestersituation, weil der nicht ganz gesunde Pfarrer die Nachbargemeinde jetzt auch mitbetreuen soll – mit alledem sind die aktiven Repräsentanten der Gemeinde konfrontiert. Und dabei müssen sie sich oft anhören: „Na, eure Kirche – das ist vielleicht ein Unternehmen mit einer strahlenden Bilanz …"

Nein, sie haben es nicht immer leicht, die Pfarrgemeinderäte. Natürlich müsste man sagen – und ich muss es auch andeuten –, dass es die Sache Jesu nie leicht hatte, angefangen vom Wirken und allmählichen Scheitern des Gottessohnes selbst, über die Wirren und Turbulenzen der Apostelgeschichte, den Verfolgungen und Glaubensstreitigkeiten der Spätantike, in den wenig heiligen Kreuzzügen und den unheiligeren Religionskriegen, in den Zeiten des Hexenwahns und der Verwobenheit der Kirche in Macht und Weltlichkeit. Wann hatte sie es schon leicht, die Kirche Jesu, und wann konnte sie guten Gewissens den Triumphmarsch spielen, der erst für das große Finale der Heilsgeschichte komponiert wird? Dennoch gab es durch alle diese Zeiten die unverdrossenen Anläufe der Liebe und eines echten Christseins, gab es eine durch keinen Missstand außer Kraft gesetzte Nächstenliebe und immer neue Blüten ergreifender Frömmigkeit.

Die Frauen und Männer vom Pfarrgemeinderat des 21. Jahrhunderts sind nun einmal mehr mit allem Negativen und Belastenden konfrontiert, das ihnen täglich in Schlagzeilen, Gesprächen und Bemerkungen ins Gesicht springt und das sie auszuhalten haben. Deshalb nützen sie jetzt die Gelegenheit, um zu sagen, was sie sich denken, und nehmen sich dabei kein Blatt vor den Mund. Denn auf dieser Ebene der familiär zusammengerückten Kirche ist der Dialog nicht abgeschafft, wie man es manchmal in höheren Etagen tut, um sich lästige Fragen vom Leib zu halten.

Für mich liegt über einem modernen Pfarrgemeinderat so etwas wie ein Hauch von Urkirche, die ich keineswegs idealisiere und die streng genommen in einer ähnlichen Situation wie heute lebte: in einer heidnisch geprägten, pluralistischen Welt, einer den ganzen Mittelmeerraum und Europa umfassenden Zivilisation. Man lebte in Köln, Korinth, Damaskus, Marseille und Alexandrien ungefähr gleich, hatte das gleiche Geld, besuchte die gleichen Vergnügungen, war moralisch etwas degeneriert – so wie wir in allen Ländern die gleichen Sportreportagen und Fernsehserien vorgesetzt bekommen –; und in Bezug auf moralische Degeneration haben wir der Gesellschaft des 1. und 2. Jahrhunderts nach Christus auch nicht viel vorzuwerfen. Kurzum, ein Pfarrgemeinderat von heute ist in einer ähnlichen Situation wie eine bemühte Eucharistiegemeinschaft der Urkirche. Deshalb ist für mich ein solches Gremium sehr ernst zu nehmen. Sie sind dem Gegenwind der Zeit und den Wellen der Gesellschaft ausgesetzt und können nicht gelassen über irgendwelchen Missständen und Mankos im Reich Gottes thronen.

An diesem Abend ist es ein wenig lustlos dahingegangen, mit einem Flair der Resignation. Ich habe natürlich versucht, mit dem Blick auf das Wesentliche Sekundäres zu relativieren, da und dort eine einseitige Sicht der Dinge zu korrigieren, auf die Chancen in unserer Zeit hinzuweisen und die Realität der bedrückenden Erscheinungen nicht zu verschleiern. Besonders erfolgreich war ich wohl nicht.

Da hat sich nun plötzlich eine stille, aber sehr tüchtige Frau, die einem Gebetskreis angehörte, zu Wort gemeldet und gesagt: „Ich möchte daran erinnern, was für uns im Augenblick wichtig ist. Wir müssen festlegen, wer in den kommenden Wochen die Krankenbesuche in der Landesklinik macht. Der eine Patient aus unserem Dorf hat kaum irgendeinen Besuch. Dann wäre im Oktober die Wallfahrt mit den Senioren fällig. Vor Weihnachten ist dann auch der Basar für unsere Missionsschwester in Brasilien vorzubereiten. Sie wartet dringend auf die Einrichtung der Entbindungsstation …"

Die ganz nüchtern und bescheiden vorgebrachten Bemerkungen dieser Frau haben mitten in diesen trübsinnigen Betrachtungen über die Großwetterlage in Welt und Kirche auf einmal bewusst gemacht, dass trotz allem die Chancen der Liebe gegeben sind und dass es ein Kleinklima gibt, das auch im belasteten Milieu zum Blühen kommt. Diese Stimme im etwas bedrückten Pfarrgemeinderat ist mir wie eine Repräsentantin der Hunderttausend vorgekommen, die sich weder durch Versäumnisse noch Missstände noch Skandale davon abbringen lassen, im Geist Jesu Christi immer wieder das Leben zu versuchen, zu beten, zu feiern, zu helfen, zu trösten, Zeit und Mühe einzusetzen, zu glauben und zu hoffen und morgen wieder neu anzufangen und jeden Strahl von Sonne einzufangen, der von der Ewigkeit her helfend und befreiend in unseren Alltag fällt.

Das ist das biologische Gesetz des Gletscherhahnenfußes – übertragen auf das Gute im Leben der Kirche und der Gesellschaft. Es gibt so etwas wie die Kraft des Unverwüstlichen in der Entfaltung der Welt und des Heils, das allen Kältewellen und selbst den Tornados der Geschichte trotzt. Deshalb ist die Wahl dieser ungewohnten, unscheinbaren Wappenblume berechtigt.

Der Newa

Diese kleine Geschichte über eine Liebe, die aus Einsamkeit, Behinderung und Handicaps emporgeblüht ist, beginnt wenig erbaulich. Es ist nun einmal so und ist wahrscheinlich immer so gewesen, dass es für Schüler kein größeres Vergnügen gibt, als Professoren zu imitieren und auf die Schippe zu nehmen. Nicht selten entwickelt der eine oder andere Pädagoge einen Tick oder eine sonderbare Gewohnheit, Eigenheiten, die im Grenzgebiet zum Lächerlichen stehen oder auch eine gewisse Hilflosigkeit offenbaren – es braucht nicht viel, und schon setzt die Schülerspottlust ein. Je gutmütiger ein Lehrer ist, umso dankbarer ist er als Objekt, weil er ungefährlich bleibt.

In dem Gymnasium, in dem ich als Erzieher beschäftigt war, gab es ein in dieser Hinsicht höchst dankbares Ziel. Der betreffende Geschichtsprofessor hieß im Schüleralltag einfach der Newa. Er hatte sich nämlich im Lauf der Jahre angewöhnt, vielen Sätzen, ja Satzteilen und Einzelworten das Wörtchen „Newa?" anzufügen – ein Verstümmelung von „nicht wahr?" Die Schüler haben zuerst gelacht, dann haben sie sich daran gewöhnt; und so wurde er der Professor Newa. Ich kann mich noch an eine Faschingsunterhaltung erinnern, wo in einer ausgezeichneten Persiflage der Professor Newa zusammen mit dem Direktor der Schule dargestellt wurde, der seinerseits die Gewohnheit hatte, bei jeder sich bietenden Gelegenheit das Wörtchen „Aso" seinen Aussagen anzufügen.

Im besagten Sketch saßen also die beiden einander gegenüber. Der Direktor begann den Dialog in väterlich-teilnehmendem, aber ernstem Tonfall: „Herr Kollege, ich muss Ihnen unbedingt etwas sagen – aso –, Sie dürfen es mir nicht übel nehmen. Sie sagen bei Ihrem Vortrag immer wieder „Newa"– aso –, da tun dann die Schüler lachen – aso. Damit müssen Sie aufhören – aso –, wegen der Autorität – aso –."
Professor Newa bedankte sich für den Hinweis und rückte seinerseits mit einem durchaus respektvoll-zurückhaltenden Ratschlag heraus: „Herr Hofrat, darf ich Ihnen auch einen kleinen Wink geben – newa? Herr Hofrat sagen nämlich im Gespräch mit den Schülern immer „aso" – newa? Und ich habe die Schüler deswegen schon kichern gehört – newa? Darauf der Direktor: „Jetzt sagt er schon wieder newa – aso!"
Der Professor kontert: „Eben haben Herr Hofrat wieder aso – newa? – gesagt …"
Der Rest ging im Gebrüll des ganzen Gymnasiums unter.

Der Professor Newa war ein etwas kauzig gewordener Mensch, der in einer selbst gewählten Einsamkeit ein höchst einfaches Leben führte. Er hatte in der Schule ein ebenerdiges Zimmer, weil er beinamputiert war und sich mit Stiegensteigen schwer tat. Alte Gymnasien haben keine Lifte. Er hat nie über seine Behinderung, die sicher viele Schmerzen bereitete, geklagt. Seine ganze Liebe galt der Geschichte. In ihr ist er aufgetaut, und er wurde nicht müde, Historie nahe zu bringen, ob im alten Ägypten, im Reich der Hellenen, im Mittelalter, im Dreißigjährigen Krieg oder in der Gegenwart. Ich gestehe, dass ich hie und da an der Klassenzimmertür gelauscht habe. Die Weltgeschichte war mit Hunderten von „Newa?" garniert – aber die Schüler waren das schon gewohnt. Mich hat gewundert, dass keiner mehr gelacht hat. Bei längerem Hinhören habe ich das Newa? auch nicht mehr gehört, wohl aber eine tiefe Ergriffenheit des Vortragenden gespürt, dem man anmerkte, dass er nicht nur einen „Stoff" vortrug, sondern persönlich zutiefst von den Schicksalen bewegt war. Ich kann mich erinnern, dass ich ganz nachdenklich nach dem Lauschen weggegangen bin.

Ich habe dann Professor Newa besucht – und wir haben lange miteinander gesprochen. Er war versonnen und etwas traurig und hat zu mir gesagt: „Weißt du, die Weltgeschichte ist nicht schön. Es ist ganz gleich, wo ich einsteige, überall Ströme von Leid, Krieg, Flucht, Tod, Terror, Elend, Unrecht, Armut, Völkermord und Rücksichtslosigkeit – und Unmenschliches, überall Unmenschliches. Die Geschichte ist schrecklich …"

Nach diesem Besuch war für mich der introvertierte, kauzige Newa, von dem die Schüler immer neue Bonmots erzählten, ein anderer. Mir ist selten bei einem Lehrer ein solches Maß von Mitfühlen und Mitleiden untergekommen. Ich habe Geschichte nie mit diesem Unterton gehört. Bis in die Kirchengeschichte hinein dominierte sachliche Objektivität und kühl-kritische Beurteilung. Auch das hat sein Gutes. Aber hier hielt einer sein verwundbares und verwundetes Herz in die Schicksale der Menschheit. Der gute Newa war nämlich sicher, auch wenn er es sich nicht anmerken ließ, ein verletzlicher Mensch, wie es bei vielen der Fall ist, die mit einer derartigen Behinderung zurechtkommen müssen.

Eines Tages rückte für ihn der Zeitpunkt der Pensionierung heran. Niemandem hätte man ein ruhiges und entlastetes Alter mehr gewünscht als ihm. Er hatte keine finanziellen Sorgen und sein geistiges Interesse war hellwach – lauter Voraussetzungen für einen erfüllten Lebensabend nach einem außerordentlich anstrengenden Berufsleben und einer bewunderungswürdigen Lebensleistung. Man rätselte herum, wohin sich der Newa zum Ruhestand wohl zurückziehen würde – entweder in seine Salzburger Heimat oder sonst auf einen guten Platz mit der notwendigen Betreuung. Er sprach sich aber über seine Zukunftspläne nicht aus.

Als es so weit war, lud er seine Kolleginnen und Kollegen vom Lehrkörper ein und hielt eine kleine Abschiedsrede. Dabei erfolgte nun der Paukenschlag, der zunächst alle verstummen ließ. Er gab bekannt, dass er – der Schwerstbehinderte – für den Rest seines Lebens nach Bolivien als Missionshelfer gehen werde, um dort mit seinen zwar angeschlagenen Kräften, aber mit seinen geistigen und materiellen Möglichkeiten in einem armen Land zu helfen.

Ich kann mich noch erinnern, dass allen die Sprache wegblieb. Ich kann mich nicht entsinnen, jemals in ähnlicher Intensität erlebt zu haben, wie ein Mensch aus dem stillen Abseits, aus manchmal belächelter Absonderlichkeit, ja aus einer mitleidig betrachteten scheinbaren Inferiorität zu einer solchen menschlichen Größe aufstieg. Aus dem humpelnden Newa wurde ein kraftvoller Senior, der alle Betagten in den Schatten stellte, die Großväter, die da im Fernsehen mit Hilfe energiegeladener Biosäfte Mountainbikes treten und von Trampolinen springen.

Er ging in den Osten Boliviens. Er hat gewusst, wie viel Leid die Sozial- und Wirtschaftsgeschichte unserer Tage auf Südamerika konzentriert. Und er hat gewusst, dass sein Einsatz nur der berühmte Tropfen sein kann. Aber er hat dort unendlich viel Gutes getan. Er hat sich um arme Familien gekümmert, hat den Indios menschenwürdige Häuser gebaut und geholfen, wo er konnte. Ein österreichisches Professorengehalt ist in Bolivien ein kleines Vermögen. Schließlich hat ihn der Bischof gebeten, den Posten seines Sekretärs zu übernehmen.

So wurde der Newa, der einst für eine Faschingsunterhaltung herhalten musste, auf einmal zum Gegenstand der Bewunderung. Seine ehemaligen Schüler sammelten für ihn und seine Projekte, die Briefe gingen hin und her, und er wusste immer neue Aufgaben und Chancen. Er ist noch einmal zurückgekommen, braun gebrannt von der Tropensonne, ein durch und durch ausgefüllter alter Mann mit einem sehr jungen Herzen.

Wie ich die Nachricht von seinem Tod erhalten habe, ist mir vorgekommen, als riefe er noch einmal lächelnd: „Newa? – jetzt hab ich's euch gezeigt, newa?"

Der französische Philosoph Henri Bergson hat einmal darauf hingewiesen, dass es einen besonders wichtigen Akzent der Entfaltung der menschlichen Persönlichkeit und des Gewissens gäbe. Er nannte ihn den „heldischen Impuls". Nun – wir verwenden heute das Wort „heldisch" nicht besonders gern, weil es zu lange mit einem falschen Pathos gebraucht wurde. Aber das, was Bergson meinte, ist klar: Für die Entfaltung des echten Menschseins kann ganz entscheidend sein, dass der Mensch eine Wahl für echte Werte trifft, eine Aufgabe übernimmt, zu der er in keiner Weise verpflichtet ist – weder von einem Amt her noch von der Gesellschaft, noch von irgendwelchen Gesetzen und Vorgaben, ja nicht einmal von den Geboten Gottes her. Im Evangelium taucht dieses Problem beim reichen Jüngling auf (Mt 19,16-22). Dieses „Ja" aus einer tieferen Freiheit heraus, sagt Bergson, präge den Menschen mehr als vieles andere. Ich habe keine Hemmung, unseren lieben Newa mit dem „heldischen Impuls" im Sinne Bergsons in Verbindung zu bringen. Ich halte ihn für einen Heiligen.

Für mich ist auch unvergesslich, dass ein Mensch, der das widrige Großklima der Menschheitsgeschichte mit so existentieller Anteilnahme erfahren hat, keinen Augenblick zögert, das Trotzdem-Blühen im Kleinklima seiner begrenzten Möglichkeiten so ernst zu nehmen. Darum gehört er zu den Gletscherhahnenfußtypen.

Kleine Quelle – großer Segen

Es war ein schlichtes, älteres Ehepaar, das sich bei mir zum Besuch angemeldet hatte. Ich war eher auf irgendeine Beschwerde gefasst. Aber es kam ganz anders.

Es war ein trüber Tag – ich weiß es noch genau –, doch schien mir, als fiele übers Domdach ein Sonnenstrahl in mein Arbeitszimmer herein. Die beiden legten ein Kuvert auf den Tisch und sagten. „Wir möchten, dass dieses Geld für die Aussätzigen in Afrika verwendet wird." Ich war selbstverständlich höchst angenehm überrascht. Als ich aber das Kuvert öffnete, verschlug es mir die Sprache – im Umschlag steckten 300.000 Schilling, für die beiden war das sicher ein Großteil ihres Vermögens.

Ich habe mich herzlich bedankt und danach die Caritas angerufen, sie von der Spende verständigt und eingeschärft, dass das Geld auf Wunsch der Spender nur für Aussätzige in Afrika verwendet werden dürfe. Die Respektierung des Spenderwillens ist ein Grundgesetz im Umgang mit fremdem Geld.

So groß meine Freude über diese Hochherzigkeit gewesen war – einige Jahre später hat sie mir doch zunächst einen Schrecken eingejagt. Da kam ein freundlicher Brief des lieben Ehepaars, in dem sie mir schrieben, sie würden gerne wissen, wo ihr Geld hingekommen ist. Nun, drei Jahre sind eine lange Zeit, Afrika ist groß und Aussätzige gibt es Zehntausende. Wird man der Spende bis zur letzten Verwendung noch nachgehen können?

Sofort rief ich bei der Auslandshilfestelle der Caritas an und brachte das Anliegen vor: Was ist mit der Aussätzigenhilfe geschehen?

Meine Sorge war unbegründet. Drei Tage später erhielt ich eine mehrseitige Aufstellung mit allen Daten, in welche Lepradörfer das Geld gewandert war. Es stellte sich heraus, dass man in der Region Dakar in Westafrika mit diesem Geld in vier großen Aussätzigensiedlungen die ganze junge Generation gegen Aussatz geimpft hatte. Damit war gegen diese schreckliche Krankheit eine wichtige Barriere errichtet, die in den Folgen gar nicht abzusehen war.

Ich habe gleich den größten Atlas herausgeholt, die Region Dakar abgelichtet und eine Skizze gezeichnet. Auf dieser genauen Karte konnte ich sogar drei der genannten Siedlungen finden. Den Spendern habe ich die Abrechnungen und die Karten geschickt. Ich gestehe, dass ich sehr froh war. Ich glaube, dass gerade eine Großmut, die in die Ferne geht und auf persönlichen Dank verzichtet, die peinlichste Sorgfalt und das höchste Verantwortungsbewusstsein verdient.

Um beim Bild des Gletscherhahnenfußes zu bleiben: Ein Bergsteiger im wahren Sinn des Wortes wird, sobald er die zarten, kleinen Blumen zwischen den Felsplatten sieht, sich hüten, rücksichtslos draufzusteigen. Je höher hinauf sich das mutige Leben wagt, umso mehr Ehrfurcht verdient es. So ist es auch mit der Liebe und Großmut, die zwischen dem Gestein der Gesellschaft blüht. Man muss daher diese Flora der Menschlichkeit mit großem Respekt behandeln – und das gespendete Geld muss immer ein Tabu bleiben. Gerade hier zeigt sich die ganze Verantwortung kirchlicher und humani-

tärer Organisationen. Was sie erhalten, ist sozusagen einge-
schriebene Post. Sie muss garantiert dort ankommen, soweit
das menschenmöglich ist. Darum ist wirklich zu empfehlen,
Spenden in die Ferne nur Organisationen anzuvertrauen,
die das Gütesiegel haben und sich der öffentlichen Kontrol-
le unterwerfen, es sei denn, man hat eine persönlich ganz
vertrauenswürdige, unmittelbar beschenkte Stelle oder Per-
son. Aus Erfahrung möchte ich noch hinzufügen: Es ist gut,
mit Organisationen zu arbeiten, die nicht mit den betreffen-
den Staaten liiert sind. In vielen Staaten ist Korruption an der
Tagesordnung. Kirchliche oder ähnliche Organisationen, die
über ehrenamtliches Bodenpersonal verfügen, sind verläss-
licher.

Das großzügige Ehepaar konnte sich jedenfalls freuen, dass
aus der kleinen Quelle in irgendeiner Straßenschlucht der
Heimatstadt ein solcher Strom des Segens geflossen ist.

Die Herrenrunde

Beim Lesen dieser kleinen Episoden, die ich unter dem Zeichen des so mutig in Schnee und Eis hineinblühenden Gletscherhahnenfußes gesammelt habe, sind Sie sicher draufgekommen, dass die Realisierung der Menschlichkeit in dieser Welt höchst verschiedene Wege gehen muss und sie dabei so erfinderisch und hartnäckig sein muss wie die Natur, die sich immer wieder durchsetzt. Manchmal muss sich die Nächstenliebe sogar der Vorgangsweise der Geheimdienste und Untergrundgesellschaften bedienen. Diese Organisationen wie Geheimpolizei, Spionagedienste, Vereinigungen mit verborgenen Mitgliederverzeichnissen und Angst einflößenden Netzen der Macht sind uns natürlich unsympathisch. Im Volke Gottes hätten derartige Spinnennetze, die die Kirche nicht wie ein Sauerteig, sondern wie Metastasen der Macht durchziehen, natürlich keinen Platz. Aber bei dem vorliegenden Fall geht es in keiner Weise um Positionen oder Karrieren. Vielmehr geht es um einen Schleichweg der Liebe, der notwendigerweise einen Raum von Diskretion braucht.
Dazu muss ich wieder etwas ausholen. Der die vorzustellende Gemeinschaft beflügelnde Geist stammt von einem Mann, der vor 300 Jahren im Frankreich Ludwigs XIV. gelebt hat. Er hatte zunächst eine „normale" Priesterlaufbahn eingeschlagen, mit jenen Lebensaussichten, die sich bei einigem Glück in der von der Gnade des französischen Königs lebenden Kirche boten. Aber dann wandte sich sein Herz ganz den Armen zu. Vielleicht hat ihm sein Dienst als Ka-

plan der königlichen Galeeren den Rest gegeben. Denn diese Rudersklaven, die an ihre Bänke angekettet dort lebten und starben, bildeten sozusagen einen Gipfelpunkt der Unmenschlichkeit der Epoche. Für derartige Strafen genügte unter Umständen ein Wildfrevel in den königlichen Wäldern. Unser Priester, der später heilig gesprochene Vinzenz von Paul, trat nun den Kampf gegen dieses Elend an.

Wir bewundern heute Versailles und die Traumschlösser an der Loire, aber an die sozialen Missstände jener Zeit erinnert nichts mehr. Es gab unvorstellbare Armut der Massen, der Kranken, der Landbevölkerung, der hungernden Kinder – das alles lag wie ein trostloser grauer Nebel unter der Welt der Traumschlösser, zu denen heute die Kunstreisen führen. Monsieur Vincent, wie man ihn nannte, hat für die Armen rastlos Hilfe organisiert, und zwar durchaus in den Formen modernen Managements. Er hat dabei eine einmalige Mischung von Mitleid und Unverschämtheit entwickelt – Mitleid nach unten, Unverschämtheit nach oben. Bei den Reichen hat er sein Ansehen ausgenützt und eigentlich nicht gebettelt, sondern Tribut eingehoben, in der durchaus richtigen Annahme, dass diese verkommene Gesellschaft nur auf diese Weise eine gewisse Chance beim Gericht Gottes erhalten könnte. So lebte er eine höchst sympathische Mischung von Empathie und Impertinenz, von sozialer Sensibilität und prophetischer Härte.

Sein Geist ist in der Kirchengeschichte nicht einfach untergegangen. In den so genannten Vinzenzgemeinschaften hat er sich bis heute wach gehalten. Sie stehen für soziales Kleinklima in einer oft sehr kalt werdenden Welt.

Der Geheimklub, von dem ich kurz erzählen will, kommt aus diesem spirituellen Eck. Es handelt sich um eine ausgesprochen seriöse Herrenrunde, wie man sie am Abend in einem besseren Restaurant antreffen könnte, ehemalige Richter, Finanzbeamte, Rechtsanwälte. Sie bilden aber wirklich so etwas wie ein geheimes Spezialkommando im großen Heer der Hilfsbereitschaft. Sie haben sich zur Aufgabe gemacht, Menschen zu helfen, die in die Schuldenfalle geraten sind. Ich habe mich oft an sie gewandt, darum bin ich dieser menschenfreundlichen verdeckten Fahndungsabteilung immer dankbar gewesen.

Ich erinnere mich noch an den Fall, wo ein flott lebender Ehemann und Vater ins Ausland verschwunden war und die Frau mit drei Kindern und über 20.000 Euro Schulden zurückließ. Die finanzielle Bedrängnis war natürlich groß. Die Bankschulden überstiegen alle Möglichkeiten der bedauernswerten Frau. Auf der anderen Seite hatte auch das Geldinstitut keine Möglichkeit, bei einem derartigen Existenzminimum zur Pfändung zu schreiten. Aber die Last blieb für die Frau doch wie ein Bleigewicht für alle Zukunft.

Da sprang nun diese fachkundige Mafia der Nächstenliebe ein. Ich wäre völlig überfordert gewesen. Die Herrenrunde hatte etwas von ihrem geistigen Vater, dem heiligen Vinzenz von Paul übernommen. Ich meine eine gesunde Mischung von Anteilnahme und Unverfrorenheit. Sie boten den Banken Kompromisse, an die ich gar nicht zu denken gewagt hätte. Sie aber wussten wahrscheinlich besser Bescheid und rechneten damit, dass den Geldinstituten ein kleiner Spatz in der Hand lieber war als die unerreichbare Taube auf dem Dach. Die Banken sind bei dem Handel nicht reich geworden. Sollte dieses Büchlein ein Bankdirektor lesen, dann bitte ich um Nachsicht, wenn ich gestehe, dass sich mein Mitleid mit den Bankinstituten in Grenzen hielt, zumal die Größenordnung der hier eingefahrenen Verluste keinen Zusammenbruch nach sich zog. Doch der Frau mit den Kindern wurde geholfen.

Natürlich konnte die geheime Herrenrunde nicht flächendeckend tätig werden. Darum musste sie ja auch im Verborgenen wirken. So hatte sie etwas von einem Spionageunternehmen, weil man den verborgenen und besonders tragischen Fällen nachgehen muss, die sich aus Scham nicht an die Öffentlichkeit wagen.

Im Großklima der Welt bin ich als Caritasbischof auf fast unlösbare Schuldenprobleme gestoßen. Leider gab es da keine Herrenrunde, an die ich mich hätte wenden können, wenn zum Beispiel der Schuldennachlass gegenüber hoch verschuldeten Staaten Südamerikas zur Sprache kam. Schuldennachlass klingt ja zunächst sehr human und christlich, jedermann denkt an Schlussstrich und Neuanfang, Freiwerden von Zinslasten und Geld für Investitionen, soziale Aufgaben und Bildung. Auf Grund meiner Unsicherheit in globalen Fragen habe ich mich an einen Wissenschaftler, einen hervorragenden Wirtschaftsexperten für Südamerika, gewandt und erhielt dankenswerterweise eine gründliche Auskunft. Ein sehr, sehr kleiner Prozentsatz der Bevölkerung besitzt dort Grund und Boden, die daraus fließenden Gewinne und das Kapital. Das von der Elite gewonnene Kapital fließt zum Großteil in die reichen Länder. Die Summe dieses Fluchtkapitals ist höher als die Gesamtverschuldung

aller Staaten Südamerikas zusammen. Solange diese Mecha-
nismen weitergehen, ist die Wirkung von Schuldennachlass
sehr beschränkt. Die Verarmung bleibt als Struktur, die Aus-
beutung als bestimmende Wirtschaftsmacht. Schuldennachlass müsste mit strengsten Auflagen verbunden sein – aber
wer kontrolliert das. Es gibt Stimmen, die sich mit Vorschlä-
gen gemeldet haben, darunter Nobelpreisträger. Aber bis
jetzt haben die Vorschläge für steuerliche Belastung von
Spekulationsgeldern und entsprechende Begünstigung von
Investitionskapital nicht viel Widerhall gefunden.

Im Großklima der Welt gibt es zu wenig Herrenrunden, wie
sie im Kleinklima so effektiv funktioniert hat.

Manchmal braucht die Liebe einen Robin Hood

Der Vergleich der Liebe, die unter Ausnützung ihrer begrenzten Chancen in dieser Welt im Gegenwind blühen muss, mit dem Gletscherhahnenfuß, der hartnäckig, aber sanft und bescheiden sich zwischen Steinen birgt, könnte dazu verführen, der Trotzdemliebe in den schwierigen Bedingungen der jeweiligen Geschichte nur immer eine sanftharmlos friedfertige Rolle zuzuweisen. Dem ist aber nicht so. Hie und da braucht die Liebe einen Rebellen. Wer damit meint, dies entspräche nicht ganz christlichen Grundsätzen, der möge sich an den Welterlöser erinnern, der sich aus Stricken eine Geißel flicht und den Tempel ausräumt, wobei er Geldwechslertische umstößt und das betreibt, was man heute schwere Geschäftsstörung nennt.

In der Kirchengeschichte Tirols gibt es ein Beispiel für diese Rebellion der Menschlichkeit. Da heute die Dokumentation des Negativen erfolgreich und flächendeckend erfolgt, möchte ich hier einmal einem „Robin Hood" des Hausverstands und der Liebe zu einer gewissen Publizität verhelfen. Denn bis jetzt hat sich sein Name und seine Tat fast ausschließlich nur in wissenschaftliche Publikationen verirrt. Für ihn gibt es in unserem Land keine Straße, keinen Platz und kein Denkmal.
Die Sache beginnt mit einer verhängnisvollen Unterschrift. Am 5. Dezember 1484 unterzeichnete Papst Innozenz VIII.

in Rom die „Hexenbulle". Die fanatischen Hexenverfolger Institoris und Sprenger hatten ihm diese verhängnisvolle Aktion eingeredet. Das moralisch fragwürdige und theologisch ungebildete Papsttum der Renaissance hat mit dieser Bulle, die einen allgemeinen Aberglauben verstärkte, wohl die Talsohle erreicht. Damit wurde Hexenwahn und die Hexenverfolgung sozusagen zur religiösen Pflicht.

Die Bulle war zwar nur ein Papier, aber dieses wurde zum Anzündmaterial für viele Scheiterhaufen. Der Hexenwahn war bei Hoch und Niedrig, am Fürstenhof und in der Bauernstube verbreitet. Es ist immer so, dass mit sinkender Qualität des Glaubens der Aberglaube blüht. Die Bulle trat also die Reise an und kam auch nach Brixen, der Bischofsstadt Tirols. Aber der Bischof Georg Golser setzte mit seinem Domkapitel keinerlei Aktivitäten im Sinne dieses fragwürdigen Dokuments. Fast sah es so aus, als sollte hier einmal mehr der alte österreichische Grundsatz zum Tragen kommen: Scharfe, unvernünftige Gesetze, die von oben kommen, werden weiter unten durch weise Inkonsequenz und segensreiche Schlamperei entschärft. Jedenfalls haben die in der Bulle angekündigten Kirchenstrafen für fahrlässige Bischöfe Georg Golser nicht erschüttert. Dabei war seine Auffassung angesichts der allgemeinen gesellschaftlichen Tendenz gar nicht einfach. Er hatte den Wind der Epoche gegen sich – und es war ein kalter, herz- und gefühlloser Wind.

Die Sache wurde dramatisch, als jener Dominikaner als päpstlicher Bevollmächtigter auftauchte, der die Bulle betrieben hatte: Institoris. Er begann sofort mit einer einschlägigen Predigttätigkeit in Innsbruck und wollte partout, dass seine Hexenwahnideen in der Gesetzgebung Tirols ihren

Niederschlag finden sollten. Und er buchte Erfolge. Sieben Frauen wurden auf Grund anonymer Anzeigen in den Gefängnisturm geworfen und warteten dort auf die Folter. (Die anonymen Anzeigen stammten jedenfalls zum Teil von Männern, die ihre Frau loswerden wollten.) Der Folterturm stand keine hundert Meter vom heutigen Bischofssitz in Innsbruck entfernt. Es tut mir um jedes Stück Alt-Innsbrucks leid, das verschwunden ist – nicht aber um diesen Turm mit seiner düsteren Geschichte, den man im 19. Jahrhundert abgerissen hat.

Nun kam der Konflikt Golser – Institoris in die heiße Phase. Der Bischof berief zu dieser Sache ein geistliches Gericht ein – zur Ehre des Dominikanerordens muss gesagt werden, dass in diesem Gremium auch vier Dominikaner saßen. Das Gericht fuhr mit dem Inquisitor scharf ums Eck. Unter dem Einfluss Golsers stellte der Senat das Verfahren gegen die sieben Frauen ein, schon deshalb, weil Institoris die Namen der anonymen Anzeiger nicht preisgeben wollte. Die Frauen wurden auf der Stelle in die Freiheit entlassen. Es war die größte Blamage des Hexenverfolgers in seiner ganzen unheilvollen Tätigkeit in Süddeutschland. Anderswo gab es keine Bischöfe wie Golser.

Golser, der die Bulle zweifellos für unsinnig hielt, was sie ja auch war, ging noch weiter. Er gab Institoris den Rat, aus Tirol so schnell als möglich zu verschwinden. Seine Formulierung ist erhalten – ich gebe sie sinngemäß in unserer Sprache wieder: Mir geht dieser Mönch im Bistum auf die Nerven. Ich glaube, er leidet an Altersdemenz. Ich habe ihm gesagt, er solle in sein Kloster zurückkehren und dort bleiben … Ich habe den Eindruck, dass er gern in Frauen-

sachen herumwühlen möchte. Aber ich lasse ihn dazu nicht kommen ...

Bischof Golser hat den Mann durchschaut, vierhundert Jahre vor Freud und mit der Psychologie des Hausverstands. Es gelang dem Bischof, den Inquisitor samt Bulle aus der Diözese zu weisen.

Dieses Verhalten eines Seelsorgers war zur damaligen Zeit und in der damaligen Kirche einmalig. Der Hexenwahn des Spätmittelalters hatte sich derart in die Herzen eingefressen, dass ihn auch die Reformation nicht beseitigte. Hexenprozesse gab es im katholischen wie im protestantischen Raum. Aber in Tirol fanden verhältnismäßig wenige Hexenprozesse statt.

Einige Zeit nach Golser wurde in der Pfarrgasse von Innsbruck Pater Adam Tanner geboren. Der Jesuit wurde Professor in Ingolstadt, Prag und Wien und hat in seiner Moraltheologie als Erster den Hexenwahn scharf angegriffen. Der große Dichter Friedrich von Spee, der oftmals Hexen zum Scheiterhaufen begleiten musste und vom Widersinn dieser Anklagen überzeugt war, hat sich auf Tanner berufen. Man kann nicht sagen, dass die Kirchen das Verdienst hätten, dass der Hexenwahn allmählich verdrängt wurde. Dieses Verdienst kommt der Aufklärung zu. Aber Gestalten wie Golser waren Vorläufer. Er war ein Robin Hood der Menschlichkeit – ein Rebell für die Würde der Frau. Er hat seinen heiligen Bezirk, die Diözese Brixen, gesäubert, und zwar von noch schlimmeren Dingen als habgierigen Geldwechslern und Preiswucherern.

In der Flora Gottes reihe ich ihn sicher mit vollem Recht in die Gattung des Gletscherhahnenfußes ein. Er hatte den

Mut, in einer Zeit trotz aller widrigen Strömungen zu blühen, in einer Zeit, die hinsichtlich der Menschenrechte eine Eiszeit war.

Anmerkungen:
Nikolaus Grass, Zur Stellung Tirols in der Rechtsgeschichte, Innsbruck 1978, S. 256ff.
Josef Gelmi, Geschichte der Kirche in Tirol, Innsbruck 2001, S. 126ff.
Wilhelm Baum, Sigmund der Münzreiche, Bozen 1987, S. 436ff.

Der Dichtertraum vom schönen Augenblick

Da wir als Kinder und junge Menschen von vorfabrizierten Bild- und Erlebniswelten nicht so überschwemmt waren, wie dies heute der Fall ist, hat sich vielleicht manches tiefer eingeprägt. Vor allem war man darauf angewiesen, sich öfters jener Reisebegleiterin anzuvertrauen, die heute oft unterbeschäftigt im Eck sitzt und ihre Produkte nicht mehr so gut anbringt: Ich meine die Phantasie.

Wir hatten im Gymnasium einen Deutschlehrer, der, was den „Stoff" betraf, den Mut zur Lücke hatte, der es aber verstand, Dichtkunst nahe zu bringen. Dafür bin ich ihm heute noch dankbar. „Wissensstoff" kann man nämlich immer nachholen, wenn man ihn braucht. Aber die Kunst, mit Dichterworten auf die Reise der Bilder und bunten Welten zu gehen, das ist eine Fähigkeit, die später eher verschüttet als gefördert wird. Der genannte Lehrer konnte ausgezeichnet Gedichte und Dramen vortragen und überließ es uns, zu den Worten, Dialogen und Szenen die Bühnenbilder und Kulissen dazuzudenken. Als wir Goethes Faust durchnahmen, war ich erst fünfzehn Jahre alt. Ich habe natürlich vieles nicht verstanden, vor allem im zweiten Teil. Der Held des Stückes machte so schrecklich viele Umwege. Ich begriff schon irgendwie, dass dahinter der Dichter selbst steckte, eine Kombination von Genie, Sucher und Playboy, immer auf der Reise zur eigentlichen Erfüllung und Wahrheit.

Diesen Grundzug habe ich verstanden, wie er im zweiten Teil, Akt V, ausgedrückt ist:

„Ich bin nur durch die Welt gerannt;
ein jed Gelüst ergriff ich bei den Haaren,
was nicht genügte, ließ ich fahren,
was mir entwischte, ließ ich ziehn.
Ich habe nur begehrt und nur vollbracht
und abermals gewünscht und so mit Macht
mein Leben durchgestürmt ..."

Das war die – vorläufige – Bilanz, aber nicht die letzte. Es geht in dem Stück ja immer um den Augenblick, in dem der Held aus Überzeugung sagen kann: „Verweile doch, du bist so schön!"

Gegen Ende des zweiten Teils kommt die unvergessliche Schilderung, in der der erblindete Faust den Arbeitslärm hört, der von der Urbarmachung des vom Meer bedrohten versumpften Landes herkommt. In dieser Neugewinnung von Lebensraum für andere ahnt der große Egozentriker, dass der tiefere Sinn des Daseins in eben diesem Engagement für die Menschen bestehen könnte, und so wagt er das berühmte Wort, das mich damals mit dem nicht immer sympathischen Faust versöhnt hat:

„Zum Augenblicke dürft ich sagen:
Verweile doch, du bist so schön!"

Unser Lehrer hat uns das damals so eindrucksvoll geschildert: das Land am Meer, das flache Ufer, das Gebirge im Hintergrund und die Menschen, die Hoffnung und Glauben an die Zukunft schöpfen – das alles war viel mehr als ein

Liebesabenteuer mit ziemlich schäbigem Ende, als Auerbachs Keller im Saufmilieu und die tolle Partyszene auf dem Brocken … Ich habe diese große Schlussszene in meiner Phantasie immer an die Ostküste der südlichen Adria verlegt, die ich natürlich nicht kannte, aber wo ich in meine diffusen geographischen Vorstellungen Meer, Sumpf, Berg, Öde und Armut vermutete. Aber das war nichts weiter als eine Phantasievorstellung. Zum Land der Skipetaren und der Adria hatte ich keine andere Beziehung als die Abenteuer Karl Mays.

Als ich ein halbes Jahrhundert später das Bischofsamt übernehmen musste, kam eines Tages, durch viele Zufälle gesteuert, ein albanischer Priester zu mir, der im Westen für seine arme Gemeinde um Hilfe bat. Die Schreckensherrschaft des Diktators Enver Hodscha war gerade zu Ende gegangen. Zum ersten Mal nach Jahrzehnten durfte sich kirchliches Leben neu regen und formen. Aus dieser Begegnung wuchs ein lebendiger Kontakt: Mit Hilfe vieler guter Menschen und dem unglaublichen Idealismus von Mitarbeiterinnen und Mitarbeitern erhob sich ein schöner Kirchenbau mit Pfarrzentrum und Kindergarten. Zur Einweihung kam ich zum ersten Mal in diese Gegend. Es war ein schönes Volksfest, aber ich fuhr eigentlich sehr gedrückt nach Hause. Ich hatte die Lebensverhältnisse kennen gelernt. Da wurde mit Hilfe altmodischer Handpumpen Grundwasser heraufgeholt, eine zum Teil salzige Brühe, die das Wort Wasser kaum verdiente. Wie ich zu Hause in meine Wohnung mit den sechs Ausläufen bester Wasserqualität kam, hatte ich ein schlechtes Gewissen.

Und wieder hat mich der „Duft der Hilfsbereitschaft" in überwältigender Weise angeweht. Es ist zu einem Wasserprojekt für diese albanische Gemeinde gekommen. Zwei deutsche Ingenieure, Vater und Sohn, haben ihre Arbeit für Planung und Ausführung kostenlos zur Verfügung gestellt. Nach vielen Schwierigkeiten sind dann die Kabel für 15 Kilometer Hauptleitung und die vielen Stichleitungen hinuntergerollt, die Elektropumpen und die Zapfsäulen – und schließlich war es so weit. Die Einweihung erfolgte am Endpunkt der Leitung.

Es war ein großes Fest mit fröhlichen Menschen, Fähnchen schwingenden Kindern und Tanzgruppen junger Menschen in der malerischen Tracht der Skipetaren. Ich stand auf der Bühne, die feiernde Menge vor mir, das sumpfige Gelände mit ein paar armseligen Hütten, das Brackwasser mit dem Schilf und draußen das weite Meer – und dann durfte ich die fünf Hähne aufdrehen und das gute Trinkwasser schoss drei Meter hoch hinaus – mitten im Lachen der begeisterten Leute.

In diesem Moment war plötzlich die Erinnerung da. Bilder haben das eben gegenüber dürren Gedanken an sich. Sie begleiten durch große Zeiträume. Aber das, was ich damals mit der Vision des erblindeten Faust am Ende des zweiten Teils in meiner naiven Phantasie gesehen hatte, lag vor mir: das Meer, die Ebene, die Berge im Hintergrund. Die Stichleitungen zu den Siedlungen, die die Leute selbst gegraben hatten, die jahrhundertelange Armut über dem Land, das Lied der Hoffnung in den Wasserstrahlen …

Es war alles da: weil es unzählige Menschen gab, die mich und diese Gemeinde beschenkt hatten, ohne den Erfolg selbst sehen zu können; weil es das unverdrossene Trotz-dem-Blühen der Menschlichkeit in dieser Welt gab.

Und ich hörte meinen alten Deutschlehrer, wie er ergriffen den Satz las: „Augenblick, verweile doch, du bist so schön!"

Barock oder Bangladesch

Die Zeit des Barock war für Tirol eine Zeit religiösen Aufschwungs und wachsender Glaubensfreude. Zu verdanken war das dem Eifer der Jesuiten, die im 18. Jahrhundert das Land achtzig Jahre lang durchzogen und alle zehn Jahre in den Dörfern Missionen abhielten. Die religiöse Erneuerung hat bewirkt, dass die Tiroler bis in den letzten Talwinkel hinein wunderbare Gotteshäuser bauten. Diese Kirchen waren nicht Dependancen von reichen Stiften oder edlen Geschlechtern, die würdige Grablegen wollten. Die Tiroler Dorfkirchen wurden von Bauern und Handwerkern, Knechten und Mägden errichtet. Und der Stil des Barock ist in die Herzen gegangen und hat die Mentalität des Volkes getroffen. Unzählige Künstler, manche von europäischem Format, kamen aus entlegenen Bergdörfern. Mit ihren schönen Kirchen verfolgten die Tiroler ein Ziel, das heutzutage wahrscheinlich nicht jedermann verstehen kann: Sie wollten am Sonntag nach ihrer schweren Woche ein Stück Himmel in der Kirche haben. Darum haben sie mit Deckenfresken den Raum nach oben aufgerissen, die Altäre ließen sie blitzen und funkeln und in Farben leuchten – und das in Heiligtümern, die so hoch oben stehen, dass man in den Almen und Bergweiden das Läuten hört.

Die Freude an den schönen Heimatkirchen ist in unseren Gemeinden bis heute nicht erloschen. Die Kirche und ihr Turm ist sozusagen ein Stück Identität. Die aufwändigen Renovierungen sind darum eigentlich nie am Finanziellen gescheitert – trotz aller religiösen Ermüdungserscheinungen, die es auch bei uns gibt. Ein wenig hat wahrscheinlich auch das Dorfbewusstsein und der Tourismus beigetragen. Aber mir haben Gäste aus dem Ausland gesagt, die Wärme der Tiroler Dorfkirchen erinnere sie an „Stuben Gottes". Das ist ein schöner Vergleich – und er freut mich noch mehr als die tollsten kunstgeschichtlichen Würdigungen.

Aber mit dieser Freude an schönen Kirchen möchte ich natürlich nicht behaupten, dass mit diesem ästhetischen Glanz die pastoralen Probleme von heute gelöst wären. Wenn die goldenen Heiligengestalten noch so verzückt am Altar stehen, es kommt auch heute mehr darauf an, ob und wer drunten am Altar agiert.

Letzteres hat ein alter Bauer treffend ausgedrückt, den ich durch den Dom von Innsbruck geführt habe. Wie wir unter der prachtvollen barocken Kanzel standen, bei der sich auf Dach und Brüstung die goldenen Engel austoben, hat er sich die Herrlichkeit lange angeschaut und dann gesagt: „Ja, ja, der Kumpf ist ja ganz schön – hoffentlich ist der Wetzstein auch was wert …" Zur Erklärung muss ich sagen, dass man mit „Kumpf" in Tirol den Behälter meint, den der Mäher mit etwas Wasser und dem Wetzstein auf dem Rücken trägt, damit er die Sense immer wieder schärfen kann. Die Kanzel hat er mit dem Kumpf verglichen. Mit dem Wetzstein hat er mich gemeint.

Mit dieser kleinen Episode sind wir nun im Dom – und hier war es mit der großen Renovierung etwas anders als draußen in den Dörfern. Die Pfarrgemeinde um den Dom ist verhältnismäßig klein, was ihre aktiven Mitglieder betrifft – und bei den Tirolern konnte ich eigentlich ein lebendiges Dombewusstsein nicht voraussetzen, so wie es etwa in Salzburg, Brixen oder München das ist. Bis 1964 war der Dom von Innsbruck einfach die Pfarrkirche von St. Jakob. Erst seit diesem Zeitpunkt sind wir eine Diözese. Daher fehlt dem Dom die Jahrtausendwürde, die andere Kathedralen haben.

Alljährlich wiederholte sich nun dasselbe Ritual. Der Landeskonservator und Chef des Denkmalamtes erschien bei mir, besprach die verschiedenen Renovierungsprobleme, um am Schluss immer ernster und eindringlicher zu sagen: „Herr Bischof, der Dom …" Er hatte natürlich Recht. Da waren die mit den mageren Mitteln der Nachkriegszeit dürftig renovierten Bombenschäden, der brüchige Stuck, die völlig falsche Färbelung und eine dunkle, düstere Patina an den Wänden, die Kerzen, Weihrauch und Staub im Lauf der vielen Jahre angelegt hatten. Dazu kam eine asthmatische Orgel, die nur mit liebevollster Betreuung und gutem Zureden ihren Beitrag zum Gotteslob leistete. Der Kunstverantwortliche des Landes hatte natürlich Recht. Aber ich dachte an die fehlenden Millionen. Trotz der zu erwartenden öffentlichen Subventionen blieb der Finanzierungsengpass – so kam der Dom immer wieder auf die Warteliste. Immer wieder drängte sich das Dilemma auf: Kirchenschönheit oder seelsorgliche Notwendigkeiten oder die Not der Welt? Ich musste den Hüter der Kunstdenkmäler des Landes immer wieder vertrösten.

Eines Tages kamen mir meine Mitbrüder zu Hilfe. Sie erklärten im Priesterrat, für eine Domsammlung bereit zu sein. Das war sehr großzügig. Man muss nämlich wissen, dass Pfarrgemeinden mit Sammlungen und Aktionen bis oben eingedeckt sind und meist auch selbst irgendein Renovierungsprogramm im Laufen haben. Es gelang, einen noch freien Sonntag nach längerem Suchen zu finden und dort eine Domsammlung anzusetzen. Der für die Kathedrale kreisende Klingelbeutel ließ dreieinhalb Millionen Schilling erwarten. Ich war froh und konnte mit der Renovierung beginnen.

Aber das Problem spitzte sich dramatisch zu. Am Montag vor dem genannten Sonntag schellte bei mir das grüne Telefon. Das war an sich eine bewährte Einrichtung. Diese Nummer hatten alle Seelsorger und Verantwortlichen der Diözese. Es ging direkt in mein Arbeitszimmer und war daher Tag und Nacht betriebsbereit. Es war 11 Uhr nachts – und am Apparat war der Katastrophenausschuss der Diözese, eine Arbeitsgruppe aus Caritas, Bruder in Not und Dreikönigsaktion. „Herr Bischof", lautete die Hiobsmeldung, „in Bangladesch ist eine der größten Flutkatastrophen der Erde mit Hunderttausenden Toten und vielen Tausenden Waisenkindern ..." Wir müssen also effizient helfen. Caritas internationalis hat gebeten, dass Tirol den Bau von Sheltoncenters übernehmen soll, sturmfeste Fluchtgebäude, die im Notfall 2000 und mehr Menschen aufnehmen können. Selbstverständlich muss die Sammlung sofort erfolgen, das heißt, am kommenden Sonntag. Denn derzeit laufen die erschütternden Berichte von Bangladesch im Fernsehen. In unserer von Medien geprägten Welt gilt der Slogan: aus den Augen, aus dem Sinn. Daher bleibt nur der nächste Sonntag.

Nach diesem Schock muss ich mich eine Viertelstunde erholen. Die Domsammlung geht natürlich den Bach hinunter – und mit ihr die erhofften Millionen. Man kann die Sammlung auch nicht verschieben. Es gibt keine Termine mehr.

Jetzt steht also die Frage beinhart im Raum: Barock oder Bangladesch?

Dann kam mir plötzlich ein Gedanke in den Sinn, der manchem Leser ein wenig skurril erscheinen mag. Ich weiß ja selber genauso wenig wie Sie, wie das beim Weltgericht einmal zugehen wird. Aber ich habe mich gefragt, ob sich der Herr dort zuerst nach den brüchigen Stuckaturen und den dreckigen Gesimsen des Doms von Innsbruck erkundigen wird oder nach dem Elend des sowieso bitterarmen Bangladesch. Da wäre ich mir nicht sicher gewesen, ob er sich von mir mit wortreichen Hinweisen auf Marmorböden und silberne Altäre abwimmeln ließe …

So lief es also über Fax und Telefon an alle Gemeinden: Am kommenden Sonntag ist Bangladesch-Sammlung – die Dom-Sammlung ist gestrichen. Es gingen dann statt dreieinhalb insgesamt elf Millionen ein. Wir konnten die dreifache Anzahl von Sheltoncenters errichten. Das ist ein kostspieliges Unternehmen, weil alles Material von weit her gebracht werden muss. Die Sturmzentren haben sich einige Jahre später bei einer neuen Springflut glänzend bewährt. Es gab nur mehr einen winzigen Bruchteil an Opfern in dieser so gefährdeten Tiefebene.

Und der Dom? Der ist eigentlich auch auf seine Rechnung gekommen. Denn einige Wochen später hat mir ein großer Wohltäter zehn Millionen Schilling geschenkt, und ein anderer zwei. Wenn man das alles zusammenzählte, waren es 23 Millionen – ungefähr das Siebenfache einer Sonntag-Klingelbeutelsammlung.

Da sage noch einer, das himmlische Rechnungsbüro sei nicht großzügig.

Aber das Grundproblem bleibt noch immer, für Sie und für mich, wenn ich auch heute mein kleines Privatkonto verwalte und so wie Sie nicht über Unsummen verfüge: Barock oder Bangladesch? Schönheit pflegen oder Not lindern? Überkommene Kultur verwalten oder soziales Engagement entfalten? Museale Aktivitäten oder Hoffnung für das menschliche Elend? Heiligenstatuen oder heimatlose Menschen?

Ich glaube, dass das harte „Entweder-oder" nicht ganz stimmt, wenn auch in vielen Fällen der Akzent auf dem Zweiten liegen muss. Aber mir ist eingefallen, dass die ärmsten Völker der Welt in ihrer religiösen Kultur Sinn für Schönheit entwickelt haben. Ich habe mich daran erinnert, dass in unserem Land die Gemeinden, die am meisten für ihre Kirche getan haben, auch in der Spitzengruppe bei den karitativen Sammlungen liegen.
Und schließlich habe ich mich an den erinnert, der Brot vermehrt und Tempelsteuer gezahlt hat.
Deshalb werden wohl beide Formen von Liebe ihre Geltung haben – und man darf ruhig sagen: Barock und Bangladesch.

Die Briefe

Beide Briefe kamen im gleichen Poststapel. Mit der täglichen Post auf dem Schreibtisch des Bischofs ist das so eine Sache. Wenn viel kommt, freut sich der Hirte, wenn weniger kommt, freut sich der Mensch. Es braucht viel Zeit, bis alles persönlich beantwortet ist. Aber ich darf mich nicht beklagen. Eigentlich hat mir die Post wenig Kummer und viel Freude gebracht.

Das gilt auch für diese beiden Briefe.

Der eine hatte einen etwas fleckigen Umschlag, eine zittrig geschriebene Adresse und eine verkehrt aufgeklebte Briefmarke, wie das Leuten geschwächter Sehkraft leicht passiert. Er kam von einer Rentnerin in einem Altersheim draußen auf dem Land, die mir in ungelenken Zeilen versicherte, dass sie für mich bete, aber sonst nicht mehr viel tun könne, weil sie an den Rollstuhl gebunden sei. Zwischen den Zeilen steckte ein Fünfzig-Schilling-Geldschein. Er sei, so schrieb sie, für die Hungersnot in Afrika bestimmt und es tue ihr leid, dass sie nicht mehr geben könne, aber von der Rente bleibe eben nicht viel … Mit der Höhe der Kleinrenten habe ich mich ausgekannt und darum gewusst, was bei diesem bescheidenen Budget fünfzig Schilling waren. Sie hatte eine geheime Aura, diese Banknote, einen verborgenen Glanz, den die Hunderter in meiner Brieftasche nicht hatten. Die fünfzig Schilling sind in den Sahel gewandert, wo der Boden von der Hitze ausgedörrt war, und sie werden für einige Mahlzeiten sicher gereicht haben.

Ich habe oft solche Briefe bekommen im Lauf der Jahre, Briefe mit halbverwischter Zitterschrift und einem bescheidenen Geldbetrag. Immer hatten diese Schreiben etwas Berührendes und Beunruhigendes zugleich, weil man sich mit den eigenen Aktivitäten auf einmal sehr klein vorgekommen ist. Diese Gaben hatten das Flair von Großmut, die aus dem Existenzminimum herausblühte und darum wie manche Bergblume einen niederen Wuchs mit intensivem Duft verband.

Der zweite Brief an diesem Tag kam von einer angesehenen Bank. Ein Bankbeamter sagte mit einer Dame, deren Geldgeschäfte er verwaltete, einen Besuch für den kommenden Tag an. Der Brief hatte ein vornehmes Outfit und den gewandten, höflichen Stil, den man bei einer derartigen Absenderadresse erwarten konnte.

Der Herr kam dann am nächsten Tag allein, weil seine Klientin nicht gut beisammen war. Als er seine schwarze Aktentasche öffnete, die er mit besonderer Behutsamkeit mit sich trug, hatte mein Schreibtisch, über den im Dienst von drei Bischöfen schon sehr viel geflattert und gestapelt worden war, ein Neuheitserlebnis: Auf ihm türmten sich vier Millionen Schilling in schönen blauen und grünen Scheinen. Ihr Anblick hätte bei frömmeren und beherrschteren Würdenträgern, als ich es bin, das Herz höher schlagen lassen. Der Überbringer hatte auch eine Liste dabei, wo genau die jeweiligen Summen für die verschiedenen sozialen und karitativen Werke der Diözese aufgeführt waren, denen die Spende zugedacht war. Ich war sprachlos. Damit wurden einige Projekte möglich, die bis dato nur aus vagen Wünschen bestanden. Ich habe natürlich sofort einen Dankesbesuch bei der edlen Spenderin vereinbart. Vielleicht denken Sie sich: Na ja, die hatte es ja auch ...

Aber es ist keineswegs selbstverständlich, sich von Geld zu trennen, wenn man alt wird. Im Alter kann manches wachsen, was da abbremst: Sicherheitsdenken und ein gewisses Misstrauen und vieles andere. Es braucht eine große innere Freiheit zu einem derartigen Entschluss.

Das viele Geld auf meinem Schreibtisch musste nun natürlich verteilt werden. Ich habe sofort alle in der Liste bedachten Institutionen angerufen. Und obwohl sonst manche Zusammenkünfte in der Diözese Schwierigkeiten boten, weil es überall Termine und Verpflichtungen gab – diesmal hat es auf Anhieb geklappt. In kürzester Zeit waren alle da – und in einer dreiviertel Stunde war mein Schreibtisch abgeräumt und die Emissäre der diversen Organisationen haben mit beschwingtem Schritt und sorgfältig an den Leib gepressten Aktentaschen das Bischofshaus verlassen. Im sozialen Sektor der Diözese war Kirchtag.

Das war die Sache mit den beiden Briefen, die am selben Tag mit der Post kamen. Rechnerisch lagen sie beide sicher in verschiedenen Welten. Sie lagen nebeneinander auf meinem Schreibtisch – aber jeder Klassenunterschied war ausgelöscht. Und auf der himmlischen Briefwaage, die irgendein erfahrener Postengel bedient, haben sie möglicherweise gleich viel gewogen.

Der ganz andere Urlaub

Auch wenn ich selbst nicht sonderlich weit gereist bin – ich kann bei vielen den Drang in die Ferne verstehen. Irgendwie steckt dieser Trend tief in der Seele. Die kühnen Fahrten der Wikinger und die großen Wanderungen der Völkerstämme haben zwar mit Reiselust im modernen Sinn weniger zu tun gehabt, sondern mehr mit wirtschaftlicher Not, bedrängtem Lebensraum und Hoffnung auf Beute. Aber im Ganzen der Menschheitsgeschichte waren schon die Fahrten und Wanderungen des Urmenschen von Afrika über Indien bis Australien und über die Behring-Landbrücke bis Amerika Zeugnis einer kühnen Ruhelosigkeit.

Für den, der es sich leisten kann, ist heute die Sehnsucht in die Ferne ein Stück Entspannung, Therapie, eine begreifliche Flucht aus einem belastenden Alltag in eine unbelastete Traumwelt, der oft genannte Tapetenwechsel und der verständliche Wunsch, einmal keine bekannten Gesichter zu sehen, Schreib- oder Operationstisch, Terminkalender und Pflichtenkreis, Konferenzen, Tagungen, Reden und Statements, Kontakte, Wünsche, Probleme und Schalttafeln, Akten und Poststöße weit hinter sich zu lassen.

Ganz besonders verstehe ich diesen Drang bei Menschen in Positionen, in denen man sich dem ständigen Angerufenwerden und Kontaktiertsein kaum entziehen kann. Und so locken eben die kristallklaren Buchten der Karibik, die streunenden Elefanten und schleichenden Geparden im Serengetipark oder Indiens zauberhafte Tempel …

Ich habe zu wenig Erfahrung, um sagen zu können, ob die Verheißungen der bunten Prospekte alles halten, was sie versprechen. Aber, wie gesagt, ich kann das Sehnen nach einer Tausend-und-mehr-Kilometer-Distanz nachfühlen. In kleinerem Rahmen erlebe ich es auch. Schließlich hat der Herr selbst einmal zu seinen gestressten Jüngern gesagt: „Fahren wir hinüber ans andere Ufer ..." Das Ostufer des Sees Genesaret war damals dünn besiedelt und einsam.

Ein besonderes Verständnis für das Fernweh der Gutsituierten habe ich bei Ärzten. Der tägliche Umgang mit dem menschlichen Leid, das Anhören von Klagen aller Art, die so verantwortungsvolle Konzentration auf Untersuchungsergebnisse, Röntgenbilder, Darmspiegelungen oder Einblick in die Gebisse aller Altersstufen sind sicher aufreibend. Ich verdanke – wie sicher mancher Leser – diesem Berufszweig besonders viel und schließe mich gern dem Appell der Heiligen Schrift an: Ehre den Arzt, denn Gott hat ihn erschaffen (Sir 38,1).

Das alles, was ich jetzt angesprochen habe, galt sicher auch für den Augenfacharzt, der immer wieder auf dem Airport einen Jet in die Dritte Welt bestieg. Diesen „Urlaubsreisen" möchte ich ein kleines Denkmal setzen. Sie gehören nämlich unbestritten zum Gesamtthema „menschliches Kleinklima in unwirtlichem Großklima"!

Die Reise dieses Arztes ging also in die weite Welt. Aber nicht zu einem Traumstrand oder einer Fotosafari im Krüger-Nationalpark, zu den Tempeln von Luxor oder den Paradiesen des schneegekrönten Kilimandscharo –, sondern dorthin, wo sich die Kranken von weit her zu den dürftig ausgestatteten Spitälern schleppen, wo die Trachomkranken mit den Fliegen auf den eitrigen Augen warten und die Alten am grauen Star hoffnungslos erblinden. Zu diesem anderen Afrika, von dem die Bildbände und Reiseprospekte nichts wissen, geht die Reise des Arztes. Es ist eine Safari ins menschliche Elend. Er führt dort Operationen am Fließband durch, meist unter schwierigen und hygienisch primitiven Verhältnissen, ganz anders als in den blitzenden Kliniken und Sanatorien der Heimat. Gleichzeitig bringt er der einheimischen Ärzteschaft neue Möglichkeiten und Techniken bei. Und wenn der Herr Doktor nach diesem Arbeitsurlaub wieder nach Hause fliegt, hat er von den Schönheiten Afrikas, den Sonnenuntergängen auf den Savannen und den schleichenden Löwenrudeln, den Swimmingpoolen unter Palmen und spannenden Spielen am Golfplatz wahrscheinlich nicht viel mitbekommen, aber er hinterlässt viele, viele Menschen, die wieder sehen können. Ich nehme an, dass ihn dieses Bewusstsein für vieles entschädigt, was er nicht gesehen hat und eben nicht in eine Filmkamera für spätere Abendunterhaltung einfangen konnte.

Auch unser menschenfreundlicher Arzt wird einen echten Urlaub brauchen, aber einen guten Teil seiner freien Zeit diesem Abenteuer im fremden Elend zu widmen, das ist einfach ein bemerkenswertes Blühen echten Christseins in dieser unserer Welt. Zugegeben, ein kleines Blühen im Verhältnis zum großen Elend, aber sicher gewichtiger als die nächste Konferenz von Wirtschaftsmächtigen, die dafür sorgen, dass ihre Spekulationskapitalien ungehemmt und steuerfrei über die Erde schwappen können.

Die kleinen Denkmäler

Denkmäler zeigen manchmal einen Hang zu Großartigkeit, Repräsentation, Pathos, herrischen Gesten und einer gewissen Aufgeplustertheit. Ihre Helden beherrschen mit heroischen Haltungen verkehrsreiche Plätze, lassen Streitrosse sich aufbäumen, Helmbüsche flattern und weisen mit gezogenem Degen gegen imaginäre Feinde und finstere Bedrohungen, auch wenn heute in der gleichen Richtung schon längst ein friedliches Caféhaus oder eine schicke Modeboutique steht. Darum haben große Denkmäler hie und da mit dem Eindruck der Lächerlichkeit zu kämpfen und werden trotz erschütternder historischer Hintergründe mit ihrer Aussage nicht ganz ernst genommen. Dazu kommen dann noch die Tauben, die mit ihrer angeborenen Gleichgültigkeit gegenüber patriotischer oder kultureller Größe die Verpflichtung fühlen, Ruhm und Bedeutung mit ihren etwas primitiven Mitteln zu relativieren.

Manchmal aber tun sich auch moderne Denkmäler schwer, denen man Gefühlsüberschwang und Pathetik sicher nicht vorwerfen kann und die an bedenkenswerte Gräuel erinnern möchten wie das große Denkmal für die ermordeten Juden in Berlin, das ich im Fernsehen gesehen habe. Hier wurde eine wogende Masse von Granitblöcken aufgestellt, völlig reduziert auf Monumentalität und Abstraktion – und mir hat der alte Jude leid getan, der ganz entsetzt auf die jungen Leute geschaut hat, die da von Block zu Block springend ihre sportlichen Übungen absolvierten, und auf die Kinder, die zwischen den Blöcken Fangen spielten.

„Das ist doch ein Friedhof!", hat er kopfschüttelnd und sehr traurig gerufen. Mit der abstrakten Kunst ist man bei diesem Denkmal wohl zu weit gegangen. Da wird das Herz überhaupt nicht mehr angesprochen. Ich habe an den „Saal der toten Kinder" in Jerusalem gedacht, den niemand ohne Erschütterung verlassen kann. Denkmäler sollen keine falschen Gefühle pumpen, aber das Herz bewegen.

Da ich jetzt dabei bin, das Kleine, Echte, Ermutigende festzuhalten, das zwischen den Steinen und den kalten Winden der Gleichgültigkeit blüht, möchte ich an drei bescheidene Denkmäler erinnern, die es mir angetan haben.

Das erste steht in meiner Heimatstadt Innsbruck auf dem Platz, der sich vor dem Regierungssitz ausbreitet und mit seinen Denkmälern gedankenlose Bürger an große Stunden der Geschichte erinnern möchte. Das ist gar nicht so einfach, weil die Menschen es normalerweise sehr eilig haben und vollständig mit den Gedanken beim Einkaufszentrum, der Bank, irgendeinem Amtszimmer oder auf der Suche nach einem Parkplatz sind. Mein Denkmal steht im Schatten der größeren. Es hat noch einen weiteren Nachteil, denn es wurde nicht von namhaften Künstlern oder Architekten geplant, die ja normalerweise zur Schaffung derartiger Zierden einer Stadt berufen werden. Darum kann sich das Denkmal nicht im Nimbus gekonnter Professionalität sonnen und wird deshalb nicht selten mit mitleidigem Lächeln bedacht. Das Denkmal erinnert an die in der berüchtigten Kristallnacht ermordeten Juden der Stadt. Entworfen haben es

Schüler einer Mittelschule. Es wurde damals ein Wettbewerb unter den höheren Schulen veranstaltet. Hunderte junge Menschen haben sich daran beteiligt, sich über die erschütternden Ereignisse informiert, sind den Schicksalen der Betroffenen nachgegangen und haben die ganze Bestürzung darüber empfunden, dass so Schreckliches in der heute so friedlichen Stadt zwischen Nordkette und Serles geschehen konnte.

Hier ist also bei der Entstehung des Denkmals genau das geschehen, was Denkmäler so gern als Endeffekt hätten: dass die junge Generation sich mit Geschichte auseinander setzt und die Hoffnungen und Warnungen für morgen heraushört.

Mir ist das kleine Denkmal eingefallen, wie ich im Fernsehen das Riesendenkmal in Berlin gesehen habe, über dessen Steinblöcke Jugendliche hüpften und Kinder laut und lustig durch die schmalen Gassen und Winkel spielten, ohne sich auch nur irgendeinen Gedanken zu machen, was das Ganze soll. Dabei ginge es doch um den gleichen Anlass wie beim Denkmal auf dem Landhausplatz in Innsbruck. Bei diesem Denkmal, das die jungen Leute ersonnen haben, erhebt sich ein schlanker siebenarmiger Leuchter, eine so genannte Menora. Sie ist ein Zeichen der Ehrfurcht und die Scherben zu ihren Füßen lassen die Erinnerung an jene verhängnisvolle Kristallnacht aufkommen, die vier Juden in Innsbruck das Leben gekostet hat. Jedes Mal, wenn ich das Denkmal sehe, freue ich mich, dass sich Vertreter der jungen Generation mit einem Abschnitt unserer Geschichte auseinander gesetzt haben, den man sonst gern verdrängt.

Das zweite Denkmal in einer stillen Ecke ist rein formal gesehen kein übliches Denkmal, keine Säule, keine Figur aus Stein oder Bronze, keine Brunnenskulptur und keine stählerne Symbolgestalt, ja nicht einmal eine Inschrifttafel. Es ist einfach ein langes, schmales Fenster in der Stirnwand einer Kapelle zum Heiligen Geist, die jüngst im Ötztal errichtet wurde.

Es ist kein Kirchenfenster wie sonst, aus buntem Glas, es hat ganz gewöhnliches Fensterglas. Aber wenn man auf den Altar zugeht, kommt durch dieses schlanke Fenster die gegenüberliegende Talseite in den Blick – und zwar mit einem hohen, weiß schäumenden Wasserfall, der 200 Meter in die Tiefe stürzt. Dieser Bergbach überwindet große Blöcke, dunkle Klüfte und Felswände des Urgesteins, donnert unaufhörlich hinunter ins Tal der Menschen. Ich weiß eigentlich kaum ein eindrucksvolleres Altarbild, das in so lebendiger Weise von Gottes Liebe erzählt, die auf dem Weg zu uns ist, unermüdlich, ungebremst, ungeachtet aller Hindernisse, ohne Scheu vor der Tiefe menschlicher Armseligkeit.

Bei diesem Denkmal – mich hat kaum je ein Altarbild mehr zum Denken gebracht – hat sich der Künstler nicht mit der Innenarchitektur begnügt. Über das Fenster hat er die Schöpfung und den ganzen Kosmos einbezogen und uns mit dem rauschenden Wasserfall einen Blick auf ein eindringliches Symbol des sich zuwendenden, geheimnisvollen Gottes der Offenbarung gewährt, das dieser selbst in unnachahmlicher Weise geschaffen hat.

Das dritte Denkmal, das mich bewegt hat, steht völlig im Abseits der einsamen Höhen. Es ist ein Bergkreuz auf einem

Dreitausender im Stubai. Junge Menschen aus dem Tal haben es errichtet, sozusagen als Vertreter jener anderen Jugend, über die nicht viel in den Gazetten steht. Letztere müssen sich mehr mit den Alkorowdys und Ruhestörern befassen, die ihre Stützpunkte nicht auf den Bergen, sondern in den Nachtlokalen haben, auch im Stubai.

Es gibt in unserem Land viele Bergkreuze. Sie gehören nun einmal zur Identität vieler Gemeinden und Organisationen, sind Zeichen der Dankbarkeit von Kriegsheimkehrern und Almbauern. Aber dieses Bergkreuz ist etwas Besonderes, weil sich wiederum junge Menschen mehr gedacht haben als ihre oberflächliche Umwelt. Am Querbalken dieses Kreuzes sind drei Orgelpfeifen angebracht. Wenn der Gipfelwind hineinfährt, singt es im Dreiton, in jenem dreitonigen Akkord, der in uns leise erklingen sollte, wenn wir das Kreuzzeichen machen. So singt dieses Bergkreuz über Gipfel und Grate, Eisströme und blaugrüne Gletscherspalten, Wolken und Nebel, Bannwälder und Täler, Tage und Nächte. Zwar kann dieses Kreuz nicht konkurrieren mit den stolzen Denkmälern, die als Triumphbögen, Heroengestalten und Siegesgöttinnen auf den schönsten Plätzen der Weltstädte stehen, aber für mich ist das einsame Kreuz auf dem Dreitausender doch ein wirkliches ‚Denk'-Mal, ein Appell zum Innehalten und zum Nachsinnen über das größte Geheimnis des Seins. Ich persönlich finde es eindrucksvoller als eine prachtvolle barock überladene Dreifaltigkeitssäule, die unverstanden mitten in der Einkaufsprachtstraße vor sich hinträumt und für Tausende nur noch ein gefälliger Postkartenschnörkel geworden ist.

Das sind meine drei Denkmäler. Sie können zwar mit den steinernen Löwen, den sich aufbäumenden Schlachtrössern, den flatternden Genien und den Lorbeerkränzen um Häupter und Wappen nicht mithalten – aber sie sind doch Male, um die wirklich gedacht wurde, tief gedacht, wie man es in unserer Dalli-dalli-, Show-, Lärm-, Lust- und Fassadengesellschaft eigentlich gar nicht vermuten würde:

das stille Denkmal für die Opfer der Unmenschlichkeit, das junge Menschen ersonnen haben,

der rauschende Wasserfall im schmalen Kapellenfenster, der an eine Liebe erinnert, die sich stürmisch auf den Weg zu menschlichen Abgründen macht, und

das singende Bergkreuz mit dem Dreiklang in der Einsamkeit der Dreitausender.

Und neben dem Letzteren blüht der Gletscherhahnenfuß, die Symbolblume für das Gute in einer unwirtlichen Welt.

Brunnenbauer und Wanderprediger

Zum 90. Geburtstag von Reinhold Stecher[1]

Wasser zum Leben

Im Februar 2010 besuchte eine kleine Delegation der Diözese Innsbruck Projekte der Caritas in Mali. In vielen Gesprächen ging es um etwas, das in Tirol ganz selbstverständlich ist: Wasser. Wasser ist für die Menschen südlich der Sahara ein kostbares Gut, an das man oft nur schwer herankommt. Brunnenprojekte, die gemeinsam mit der Caritas Mali umgesetzt werden, können den Menschen dort nachhaltig helfen. Zurzeit werden acht Brunnen gebaut. Die Bilder von Bischof Reinhold Stecher ermöglichen mehr Brunnen.[2] Bischof Reinhold ist ein „Brunnenbauer mit Wasserfarben". Um nur einige Aquarelle zu nennen: Wildwasserbach, Stille Wasser, Teich im Herbst. – Brunnenbauer sind in Mali übrigens so angesehen wie Krieger – wegen der Gefahren. „Einer der größten Schätze unserer Heimat ist das Wasser. Die Faszination, die es für mich schon als Kind ausgestrahlt

---

1 Dieser Text ist die leicht veränderte Fassung der Predigt, welche Bischof Manfred Scheuer am 23. Januar 2011 bei der Festmesse zum 30. Bischofsjubiläum von Reinhold Stecher im Innsbrucker Dom gehalten hat. Der Verlag dankt Bischof Scheuer für die Erlaubnis, diese hier abzudrucken.

2 Seit fünf Jahren stellt Bischof Stecher Jahr für Jahr Bilder für das Brunnenbauprojekt der Caritas in Mali zur Verfügung. Allein die letzte Benefizauktion am 30. November 2010 erzielte mit 31 Bildern 116.400 Euro.

hat – in Bächen, Wasserfällen und Bergseen –, hat es bis heute behalten. Und gleichzeitig hat der tägliche Wassersegen für mich auch eine beklemmende Seite. Wenn ich an die Ausläufe mit reinem Quellwasser in meiner Wohnung denke – und gleichzeitig an die verdurstenden Siedlungen der Welt, die kilometerweit Wasser schleppenden Frauen und Kinder, die schmutzigen Pfützen, aus denen man mit dem Wasser unzählige Krankheitskeime schöpft –, dann fällt über den sprudelnden Wassersegen meiner Heimat sozusagen ein Schatten und mit ihm eine Verpflichtung zur Solidarität mit den Durstenden", begründet Altbischof Reinhold Stecher sein Engagement für die Initiative „Wasser zum Leben". Stecher bewirkt immer wieder das Wunder, mit Wasserfarben Wasser für ein ganzes Dorf zu produzieren und mit leuchtenden Farben auch ein Leuchten in die Gesichter jener zu bringen, die diese Brunnen bekommen (Georg Schärmer). Sein Name steht inzwischen in vielen Orten in Afrika, er ist auch Ehrenbürger der Gemeinde Velipoja in Albanien „für seine Verdienste um die Dorfentwicklung, insbesondere Kirchenbau und Wasserversorgung" (2003).

Erinnerungsarbeit

Der junge Reinhold Stecher kam wegen „Organisation einer Wallfahrt" in Gestapohaft. Als Altbischof berichtet er über die Nationalsozialisten und ihre Methoden, die er am eigenen Leib erfahren musste. Er schildert, wie er als junger Theologe den „hoch geachteten" Provikar Carl Lampert erlebte: als „Symbol des Widerstandes", als eine „einsame"

Figur in Zeiten des Staatsterrors, die „seinem Gewissen und seinem Bischof die Treue hielt".[3]

Beim Gedenken an die Opfer der Pogromnacht vom 9. zum 10. November 1938 im Kaiser-Leopold-Saal vor zweieinhalb Jahren hat er das Entsetzen über die Ermordung von Dr. Wilhelm Bauer, Ing. Richard Graubart und Ing. Richard Berger ausgedrückt: „Wir waren doch immer bei Graubart zum Schuhe-Einkaufen. Und immer war der Herr Graubart im Geschäft, ein freundlicher Herr, den meine Mutter gekannt hat, für mich der Inbegriff des seriösen Kaufmanns. ... Und nun ist er tot. Einfach umgebracht. Nicht von irgendeinem Mob aus kriminellen Kreisen. Nein, Akademiker waren dabei, Hochschüler aus radikalen Organisationen." Neben dem Entsetzen sprach Stecher vom prophetischen Zorn des Amos über die Auflösung des Rechtsstaates. Nach Entsetzen und Zorn erfordert aber die Erinnerung an die Pogromnacht das nüchterne Bedenken: die Hintergründe zu erfassen versuchen, den Wurzelverzweigungen des Hasses nachgraben, den Nährboden für Vorurteile, Sündenbocktendenzen, Horizontverengungen, Rassenstolzdummheiten und Aberglauben aufspüren. „Und da stoße ich unausweichlich auf den christlichen Antijudaismus." Schließlich möchte er sich „verneigen vor den vielen unschuldigen Opfern".[4]

Erinnerung ist eine geistliche Aufgabe, sie hat eine versöhnende Kraft. Erinnerung ist das Gegenteil von Gleichgültig-

---

3 Siehe: Reinhold Stecher, Erinnerungen an Provikar Lampert, in: Richard Gohm (Hg.), Selig, die um meinetwillen verfolgt werden. Carl Lampert. Ein Opfer der Nazi-Willkür, Innsbruck-Wien 2008, S. 26–28.

4 Zitate aus der Ansprache von Reinhold Stecher bei der Gedenkveranstaltung am 9. November 2008 auf der Theologischen Fakultät der Universität Innsbruck.

keit. Erinnerung ist die Voraussetzung für eine positive Zukunft. Bischof Stecher erinnert und erzählt, um die gegenwärtige Verantwortung zu unterstreichen, um zu verändern mit dem Blick auf die Verwirklichung einer Zivilisation der Liebe. Seine Erinnerung soll uns Mut machen, heute Menschen mit Zivilcourage zu sein, die entschieden jede Form des sozialen Todes, jede Form der Ungerechtigkeit ablehnen und sich unabhängig von menschlichen Unterschieden den Notleidenden zuwenden.

Der Wanderprediger

Den Menschen im Land ist Bischof Stecher als Wanderer und Bergsteiger in Erinnerung. Fast überall wird mir auf Berghütten erzählt, dass er schon einmal da war. Und er ist auch gegenwärtig bei Bergmessen, bei Festen des Alpenvereins, als Autor von Büchern über das Gehen und Wandern: „Es ist kaum zu glauben, aber mitten in der Gesellschaft, die von fahrbaren Untersätzen aller Art hingerissen ist, wird das Wandern wieder modern. Da gibt es Wanderkongresse, Europarouten, Wanderführer, Wanderkurse, Nordic Walking, Wandernadeln. Die Touristiker setzen sich mit dem Phänomen ernsthaft auseinander. … Pilgern boomt. Da wandern Einzelne und Gruppen über die uralten Jakobswege quer durch Mitteleuropa, Frankreich und Nordspanien. Aber auch die Wallfahrtswege zu unseren kleineren lokalen Heiligtümern in den Waldmulden und an den Steilhängen sind belebt."[5] Gehen, Wandern und Bergsteigen erschließt Stecher auf eine Selbstaussage Jesu im Johannesevangelium hin: „Ich bin der Weg." (Joh 14,6). Voraussetzung für die Faszination des Bergsteigens ist, dass der Berg unheimlich ist, Größe und Unendlichkeit ausstrahlt. Das Erlebnis des Heiligen, des Zaubers, speise sich immer aus der Mischung von Anziehendem und Abschreckendem. „Fascinosum und Tremendum" nennt er es theologisch.

Bischof Reinhold war und ist ein Wanderer, ein Wanderprediger zwischen den Welten, die sich auf engstem Raum finden: säkulare Welten – fromme Milieus, ein Wanderer zwischen Kindern und Sterbenden, aus intellektuellen Milieus in einfachere. Da ist Vielsprachigkeit gefordert und Einfühlung, Verständnis, der Versuch von Kommunikation.

Der Kritiker

Bei Begegnungen mit Joseph Kardinal Ratzinger bzw. Papst Benedikt XVI. fragte dieser in den letzten Jahren fast immer: Wie geht's Bischof Stecher? Was macht Bischof Stecher? Meine Antwort: Er gibt Exerzitienkurse, predigt, hat einen ökumenischen Predigtpreis bekommen, hält Vorträge, geht wandern und bergsteigen, malt Bilder für viele karitative Anliegen … Der Papst hat aber auch noch die Briefe von 1997 ganz genau in Erinnerung, mit der Kritik und mit den Fragen: Wie geht die Kirche mit wiederverheiratet Geschiedenen um? Ohne jede Rücksicht auf ihre religiöse Verfasstheit und Sehnsucht? Wie mit der Dispens von Priestern, die

5 Reinhold Stecher, Sinnbilder. Eine kleine Reise in die Bilderwelt von Schöpfung und Schrift, Innsbruck-Wien 2008, S. 111f.

den Zölibat nicht leben können oder wollen? Bischof Stecher beklagt die Kluft einer emotionalen Entfremdung durch die Ernennung von Bischöfen, die nicht vom Vertrauen ihrer Mitbrüder und des Volkes getragen sind. Immer weniger Bischöfe kommen – so beklagt er – aus der Erfahrung der kleinen, alltäglichen Seelsorge. Einen weiteren Entfremdungsgrund zwischen Kirchenleitung und Kirchenvolk sieht Stecher in den Gemeindezusammenlegungen und Seelsorgeräumen. Damit verbunden sei das „sakramentale Austrocknen" der Kirche. Das menschliche Gesetz des Pflichtzölibats werde über den Heilsauftrag gestellt. Das manchmal in theoretischen Überlegungen hingeworfene Wort, „dass die flächendeckende Seelsorge eben passé sei", heiße in Wirklichkeit, dass die Kirche die Menschen verlasse. Es sei eine schleichende Entpersonalisierung der Kirche zu konstatieren.

In der Kirche befinden wir uns in einer Situation des Umbruchs, der Unsicherheit und der Unübersichtlichkeit. Eine solche Unübersichtlichkeit besteht zurzeit z. B. in der Frage, wie die Kirche mit ihrer Botschaft und mit ihrem Auftrag in der Gesellschaft präsent sein kann. Wie ist das Abnehmen der Kirche zu deuten? „In unserer Diözese erlebe ich viele Umbrüche, aber keine Aufbrüche", habe ich vor kurzem jemanden sagen gehört. Gerade im Blick auf die Seelsorgeräume gibt es manche Unsicherheiten und Ängste, aber auch Aufbrüche. Es bleiben viele Fragen: Wird das für alle Beteiligten auch lebbar sein? Haben wir genug Priester? Wie können wir Räume und Gottesdienstzeiten teilen? Werden in Hinkunft nur noch Gebäude und Steine vom Evangelium künden? Es gibt nicht nur Zeichen des Niedergangs und des

Verfalls in der Kirche, sondern auch hoffnungsvolle Aufbrüche, die uns die Überzeugungskraft des Evangeliums vor Augen führen.

Wir brauchen Bischof Reinhold als gefährliche Erinnerung an dunkle und abgründige Zeiten, als einen, der die Trümmer der Vergangenheit zusammenfügt. Wir brauchen ihn mit seiner Kritik und mit seinen Fragen, damit wir der Barmherzigkeit Gottes auf der Spur bleiben. Wir brauchen ihn mit seinem Humor und mit seinen Karikaturen, der damit Freiräume und Spielräume in deprimierenden Situationen und Phasen der österreichischen Kirche erschließt. Wir brauchen ihn als Kundschafter einer neuen Gestalt von Kirche, als Stachel im Fleisch, dass menschliche Nähe und Seelsorge beisammenbleiben. Wir brauchen ihn als Brunnenbauer, der zu den Quellen und in die Tiefe führt. Wir brauchen ihn als Wanderer, der auf den verweist, der von sich sagt: „Ich bin der Weg."

Manfred Scheuer, Bischof von Innsbruck

Am 29. Januar 2013 ist Bischof Reinhold Stecher im 92. Lebensjahr in seiner Heimat- und Bischofsstadt Insbruck verstorben, wenige Monate nach dem Erscheinen seines letzten Buches „Spätlese".

117

Zu den Bildern